추천하는 글

이 책의 내용은 보편적이지 않다. 아울러 단순한 중국어 교재도 아니다. 이 책의 내용을 통해 알아야 할 것은 중국어가 아니라 저자가 가진 열정의 크기다. 저자는 6개월을 6년처럼 활용해 자신의 목표로 가는 중간다리를 놓았다. 저자를 정면교사(正面教師)로 삼아 저마다 자신에게 최적화된 삶의 방식을 찾길 바란다.

_**조상래**, 플래텀 대표

저자는 바쁜 직장인들이 자신에게 필요한 중국어를 전략적으로 빨리 습득하는 공부법을 소개하고 있다. 특히 위챗 채팅을 활용한 중국어 대화 연습, 실전 위주의 HSK 시험 대비법 등 본인의 경험을 통한 실질적인 조언은 내가 중국어를 공부하는 데도 많은 도움이 됐다. 중국어 공부가 지루하거나 엄두가 나지 않는 사람들에게 이 책을 권한다.

_**임정욱**, 스타트업 얼라이언스 센터장

놀랍다. 이것은 단순히 중국어 공부를 위한 책이 아니다. 한국 젊은이들을 향한 '중국 시장 소개서'이며, 한 청년의 인생을 바꾼 '미래 구상기'다. "한국인이 중국어를 배우지 않으면 아깝다"는 구절이 많은 사람에게 꿈과 긍정적 자극을 줄 수 있기를 바란다.

_**정경록**, 산업통상자원부 지역산업과장/전 상하이 총영사관 상무관

중국어는 모르지만 저자의 도전은 중국어를 배우거나 중국에 진출하고자 하는 사람들에게 많은 동기부여를 해줄 것이다. 중국어보다 도전을 더 많이 가르치는 이 책은 남이 만들어놓은 길만 가다가 정작 길을 잃은 오늘날의 젊은 후배들에게 좋은 길잡이가 되어줄 것이다.

_**권도균**, 프라이머 대표

중국은 이제 한국의 미래 번영에 변수가 아닌 상수로 다가오고 있다. 이 책은 중국에 대한 이해를 바탕으로 자신의 꿈을 이루어 나가는 젊은이들에게 새로운 이정표를 제시해줄 것이다. 미래를 위해 분투하는 젊은이들에게 일독을 권하고 싶다.

_**한석희**, 연세대학교 국제학대학원 교수/전 상하이 총영사관 총영사

마치 만화책을 읽듯 흥미진진하고 막힘없이 읽혀지는 글을 보며 '이렇게 하면 나도 중국어를 잘할 수 있을 것 같은데…'라는 기대감이 생겼다. 6개월은 아니더라도 1년 정도 노력하다 보면 따라갈 수 있지 않을까? 중국어로 추천사를 쓸 수 있는 그날까지 이 책을 여러 번 반복해 읽고 실행에 옮겨야겠다.

_**양준철**, 온오프믹스 대표

참 이상한 책이다. 책장을 넘기며 내 인생은 열정적이었는지 저자의 인생에 비추어 바라보게 만든다. 적어도 지금까지의 저자의 인생은, 믿을 수 없는 순간의 연속이었다. 그리고 그 시간은 그녀의 열정으로 만들어낸 순간들이었다. 저자가 새로 만들어 갈 미래가 벌써부터 기대된다.

_**정원선**, 화이브라더스 본부장

언제까지 한국 기업의 문만 두드리고 있을 것인가! 지금 세계의 인재들은 중국으로 모이고 있다. 이 책을 읽고 '국내'라는 작은 우물을 벗어나 새로운 가능성을 만나길 바란다.

_**이재철**, 알리바바 그룹 시니어 매니저

이 책을 펼치자마자 '왜 난 지금까지 이런 엄청난 기회를 놓치고 있었을까'라는 생각이 들 것이다. 저자의 노하우와 경험을 접하고도 당신이 중국어를 안 한다면 진짜 아깝다.

_**원방주**, 텐센트 오픈플랫폼 글로벌 비즈니스 매니저

이 책은 단순히 중국어 공부법이 아닌 꿈을 이루기 위한 끊임없는 도전과 성장을 위한 '전략적 사고법'을 이야기한다. 자신만의 미래를 개척하고자 하는 모든 이들에게 지금 당장 읽어 보라고 추천하고 싶다.

_**김백겸**, 아마존 소프트웨어 엔지니어

지금 세계가 원하는 글로벌 인재상을 알고 싶은가? 이 책에 바로 답이 있다!

_**신동원**, 네오위즈차이나 지사장

중국어
6개월에 끝내고
알리바바
입사하기

중국어
6개월에 끝내고
알리바바
입사하기

죽어라 영어만 파서는
절대 모르는 인생을 바꾸는 초특급 전략

김민지 지음

Angle Books

●

평범했던 대학생,
중국어 하나로 특별해지다

"아니, 한자 그렇게 못하던 애가 어떻게 중국어는 이렇게 빨리
한 거지?"

2015년 7월, 딸이 카카오톡으로 보내온 HSK 6급 합격 증서를
보자마자 부모님의 입에서 나온 첫 마디가 이거였습니다. 네, 맞
아요. 저는 한자를 정말 못했어요. 아니, 싫어했어요. 그랬던 제
가 중국어 공부를 하겠다고 중국으로 떠난 지 6개월 만에 중국어
를 마스터했다니 부모님 입장에서는 신기할 수밖에요. 축하한다
는 말보다 어이없다는 표정이 더 먼저 나왔을 만합니다. 하지만

저는 당당하게 말했어요.

"중국어 공부하는 데 한자 못하는 건 전혀 상관없어요!"

사실 한자를 못한다는 것을 제쳐두더라도, 저한테는 중국어를 잘할 수 있는 특별한 이유가 있는 것도 아니었어요. 어렸을 때 중국에 살았던 것도 아니고, 일찍이 중국어 학원을 다닌 것도 아니고, 고등학교 시절 제2외국어로 남들이 다 일본어를 선택할 때 중국어를 선택하긴 했지만, 중국어 수업 시간은 그저 수학 문제를 푸는 꿀 자습 시간일 뿐이었거든요.

그렇다면 여기서 이런 의문이 들 겁니다.

'아니, 어렸을 때부터 공부한 것도 아니고, 한자도 못하는데 어떻게 6개월 만에 중국어 끝내는 게 가능하지?'

딱, 6개월만
투자했을 뿐인데

비교적 빠른 시간 안에 중국어 실력을 끌어올릴 수 있었던 건 (조금 역설적이지만) 애초부터 제 최종 목표가 중국어를 잘하는 데 있지 않기 때문이에요. 중국 기업에서 일하면서 중국 땅을 무대로 만드는 것, 이게 제 목표였어요. 중국어는 이 목표를 실현하기 위해 활용해야 하는 여러 도구 중 하나에 불과했고요. 그래서였을까요? 중국어를 본격적으로 시작했던 시점부터 지금까지 언어를 완벽하게 해야 한다는 부담감을 느낀 적이 없어요. 대신 '어떻게 하면 빠르게 익힐 수 있을까'를 계속 고민했어요. 단순히 중국어를 잘하고 싶은 게 아니라 '얼른 써먹고' 싶었으니까요. 그래서 솔직하게 말하면 제 목표를 실현하는 데 그닥 필요하지 않은 것은 과감히 포기했어요. 대신 잘하고 중요한 것에 집중했죠. 그렇게 하지 않았다면 '한자 바보'였던 저는 진작 중국어를 접었을 겁니다.

딱 6개월을 투자해서 중국어라는 '도구'를 활용하는 방법을 빠르게 익히자마자 제 목표를 실현하기 위해 중국 기업의 문을 두드렸어요. 운도 참 좋았죠. 가장 처음 열린 문이 중국 최고의 IT 기업, 알리바바그룹의 중국 본사였으니까요. 이후 보스턴컨설팅그룹의 서울 오피스에서 중국 시장을 담당하는 리서치 어시스턴트를 거쳐, 중국 테크 스타트업인 테크노드에 입사해 저널리스트로도 활동했어요. 최근에는 네이버 차이나랩의 외부 필진으로 활동하며, 그 동안의 경험을 바탕으로 새로운 도전을 하기 위해 카카오 입사를 앞두고 있고요. 대학 다닐 때 취업 걱정으로 고민이 이만저만이 아니었는데 중국어라는 무기를 갖게 되자 갑자기 생각하지 못했던 곳까지 세상이 넓어지는 걸 경험하게 된 거죠.

잘 나가던 그가 좋은 직장을 때려치고
중국에 온 이유

2014년 8월 중국 상하이로 혼자 여행을 갔어요. 게스트하우스를 같이 쓰다가 친해진 스위스인 친구가 상하이에서 일하는 자신의 영국인 친구를 만나러 가는데 같이 가자고 했고, 어차피 그날은 별로 할 일도 없어 선뜻 따라나섰죠. 그런데 그렇게 우연으로 맺어진 인연이 중국으로 와야겠다는 결심을 하게 만들 줄 누가 알았겠어요.

그 영국인 친구는 마디 셰리프Mahdi Sheriff로, BiddingX라는 빅데이터 애드테크 스타트업에서 일하고 있었어요. 중국어를 전혀 못하는 상태로 중국 회사에 들어가서 꽤나 고군분투하고 있더라고요. 그런데 알고 보니 중국에 오기 전 영국의 글로벌 회계법인 어니스트앤영EY에서 컨설턴트로 일했다는 거예요. '아니, 그렇게 좋은 직장을 관두고 왜 중국에 왔을까?' 그 계기가 뭘까 궁금해서 물어봤어요. 그때 그의 답변이 아직도 기억에 생생해요.

"중국에 출장 와서 파트너사 사람들과 하루 정도 같이 있었는데 정말 깜짝 놀랐어. 모든 걸 스마트폰으로 해결하는 거야. 회의할 때도 노트북 없이 폰으로 모든 업무를 보고, 밥을 먹으러 갈때 식당을 찾고 음식을 주문하고 결제하는 것까지 모든 걸 스마트폰으로 하더라고. 그리고 다시 영국으로 돌아갔는데 그때까지만 해도 영국인들은 스마트폰이 아니라 주로 블랙베리 휴대폰을 사용하고, 회의 때도 노트에 받아 적는 식이었어. 어떻게 이렇게까지 변화가 느릴까 답답하더라고. 그래서 몇 달 뒤 일을 정리하고 짐 싸서 중국으로 온 거야. 몇 년 안에 중국이 전 세계 IT 시장을 이끌 거라는 확신이 들었거든."

그의 말을 들으면서 무척 공감이 되었어요. 여행 중에 제가 목격한 중국은 이미 세계 어느 나라도 변화의 속도를 따라잡기 어려울 정도로 발전하고 있었거든요. 과일을 파는 노점상의 손수레에는 중국 최대 모바일 결제 시스템인 위챗페이와 알리페이의 QR 코드가 모두 붙어 있어요. 자판기에도 인형뽑기 기계에도 QR 코드가 붙어 있고요. 길거리에서 물건을 사거나 음료를 마시거나 게임을 할 때 스마트폰으로 QR 코드만 스캔하면 지갑 없이도 결제가 바로 가능하다는 얘기죠! 우리나라와 미국만 해도 아직 신용카드를 주로 쓰고 있는데 중국 사람은 이미 지갑 없는 세상에서 살고 있었어요.

그때부터 점차 중국이 눈에 들어오기 시작했습니다.

'오, 중국… 좋다. 지금 당장 중국어 공부를 시작해서 1년 안에 중국 기업에 입사하면 어떨까?'

구글, 페이스북 말고
알리바바와 텐센트를 꿈꿔라

되돌아보면 그때 마디 셰리프를 만나지 않았더라면 전쪽 한국에서 평범한 대학생으로 살았을 거예요. 이후 셰리프는 BiddingX의 CSOChief Strategy Officer가 되었고, 2017년 〈포브스〉가 선정한 '30 Under 30'에 이름을 올렸어요.

그리고 중국 기업에서 일하는 시간이 길어질수록 더더욱 확신

순위	기업명	국가	시가총액	순위	기업명	국가	시가총액
1	애플	미국	8,010억	11	세일스포스	미국	650억
2	알파벳	미국	6,800억	12	페이팔	미국	610억
3	아마존	미국	4,760억	13	앤트파이낸셜	중국	600억
4	페이스북	미국	4,410억	14	JD닷컴	중국	580억
5	텐센트	중국	3,350억	15	디디추싱	중국	500억
6	알리바바	중국	3,140억	16	야후	미국	490억
7	프라이스라인	미국	920억	17	샤오미	중국	460억
8	우버	미국	700억	18	이베이	미국	380억
9	넷플릭스	미국	700억	19	에어비앤비	미국	310억
10	바이두	중국	660억	20	야후저팬	일본	260억

시가 총액으로 본 세계 20대 IT 기업

출처: 클라이너 퍼킨스

을 갖게 되었습니다. 미친듯이 성장하는 중국의 IT 시장은 엄청
난 기회의 땅이라는 것을요. 2017년 현재 세계에서 시가 총액이
가장 높은 20대 기업 세 곳 가운데 한 곳이 중국 기업이에요. 미
국이 12개 기업으로 가장 많고, 그 뒤를 중국이 7개 기업으로 바
짝 뒤쫓고 있어요. 미국과 중국 기업 외에 20위권에 이름을 올린
기업은 일본의 야후 재팬(20위)이 유일해요. 애플, 알파벳(구글),
아마존, 페이스북과 함께 TOP 5 안에 이름을 올린 텐센트는 중
국 내에서만 이용자가 8억 명이 넘는 거대한 소셜 플랫폼이죠.

　그런데 더 중요한 건 이미 세계 20대 기업 안에 중국의 7개 기
업이 포함되었을 정도로 중국 기업의 위상은 높아졌고 영향력은
강해졌는데, 아직까지도 이런 중국 기업에서 일하고 싶다는 사
람이 주변에 거의 없다는 겁니다. 다들 '글로벌 인재'를 외치지
만, 너무나 당연하게 미국만을 생각해요. 구글에 들어가고 싶어
하는 사람은 많지만, 알리바바에 들어가고 싶다고 말하는 사람
은 찾아보기 어렵다는 거죠. 미국은 전 세계의 인재가 모이는 곳
이라 경쟁이 참 치열하죠. 이미 수십 년에 걸쳐 완전히 성숙해진
시장이고, 게다가 영어를 잘하는 사람이 얼마나 많은데요? 그런
데 중국은? 중국어를 잘하는 인재가 전 세계적으로 얼마나 될까
요? 따라서 우리에겐 이게 바로 기회인 겁니다.

저 역시 처음에는 다들 '중국, 중국'하는데 현실적으로 크게 와 닿지 않았어요. 그런데 중국에서 가장 빠르게 성장하는 IT 업체에 있다 보니 한 가지 확신을 갖게 되었어요. 미국에서는 'One of Them'이 될지언정 중국에서 'Only One'이 될 수 있다는 것을요.

제가 중국어 공부에 시간과 노력을 쏟을 수 있었던 이유는 언어를 잘하면 잘할수록 중국이라는 무대에서 조연이 아니라 주연으로 활약할 수 있다는 희망이 더 커졌기 때문입니다.

제가 상하이에서 일할 때 알게 된 상하이 총영사관의 정경록 전 상무관이 쓴 《중국일람》을 보면 이런 문장이 나와요.

"대학 다닐 때 중국의 시대가 올 것을 알고 있었다. 다만 그 규모가 이렇게 크고, 속도가 이렇게 빠르고, 일상에 미치는 영향이 이렇게 심대할지 몰랐을 뿐이다. 한 번 더 과거로 돌아간다면 더 크게 '중국'이라는 나라에 내 인생을 투자할 것이다."

거북이가 아니라
얍삽한 토끼가 되자

중국어 덕분에 제 인생이 완전히 바뀌는 큰 변화를 맛보았지만 절대 오해하면 안 되는 게 있어요. 제 말은 중국어에 올인하라는 게 아닙니다. 만약 제 친구가 "중국어 공부 진짜 열심히 할 거야. 2년 동안 중국어에만 집중할래"라고 한다면, 저는 뜯어 말릴 거예요. '도구'에 불과한 중국어에 2년씩이나 투자하다니요! 그건 무척 비효율적이에요.

2년이 아니라 6개월, 딱 6개월만 잡고 '척' 할 수 있는 수준까지 중국어 실력을 끌어올리세요. 그런 다음 바로 실전에 들어가는 거예요. 진득하게 파고드는 '우직한 거북이' 스타일이 전문 분야를 준비할 땐 중요할지 몰라도, 중국어 활용법을 배울 때는 거북이가 아니라 '얍삽한 토끼'가 되어야 해요! 예를 들면 이런 거예요.

제가 알리바바에 지원했을 때 봤던 면접이 중국어로 진행됐다고 하면 "너 중국어 진짜 잘하나 보다. 대단해"라며 감탄하는 사람이 있어요. 물론 못하는 건 아니었죠. 하지만 베이징에서 어학연수를 끝낸 지 얼마 지나지 않은 때라, 겨우 6개월 만에 중국어로 알리바바의 전략을 논할 정도의 실력은 절대! 네버! 아니었어요. 그랬다면 기적이었겠죠. 시간도 부족하고, 실력도 부족한 만큼 완전히 다른 전략을 세워 준비했어요. (그건 책에서 소개할게요.)

또 저는 중국인 파트너들과의 식사 자리에서 대화를 주도하는 편인데 이건 그들의 대화를 모두 이해할 만큼 중국어 듣기 실력이 좋기 때문이 아니에요. 전날 밤 미리 대화 중간중간 치고 들어갈 수 있도록 전략과 이야깃거리를 준비했고, 조금 안 들리더라도 흐름을 이어나갈 수 있는 순발력을 키웠기 때문이에요. 또 있어요.

중국인 벤처투자자로부터 "와서 함께 일해 보지 않을래?"라는 회신을 받게 하는 이메일을 보낼 수 있었던 건, 제가 작문 실력이 출중해서가 아니에요. 그동안 매일 중국 기사를 읽으며 정리해놓은 멋진 중국어 표현들을 십분 활용했기 때문이에요.

학생의 공부법과
직장인의 공부법은 달라야 한다

실력을 갖출 때까지 기다린다고요? 그 순간은 잘 오지 않을뿐더러 그때까지 기다려야 한다면 아마 중간에 쉽게 포기하지 않을까요? 해야 할 것은 많은데 시간은 없고… 직장인이나 대학생들은 항상 마음이 조급하니까요.

그런 상황에서 학원에 등록하고, 쪽지 시험을 치고, 어색한 분위기에서 옆자리 사람과 회화 연습을 하고, 참고서만 잔뜩 사놓는 등 학생 때 하던 방식을 그대로 답습하는 건 말이 안 돼요.

바로 실전에 투입할 수 있는 방법을 찾아야 합니다! 가장 실용적인 방식이야말로 '폭발 성장'을 만들어내니까요. 학원에서 비싼 원어민 회화 수업 들을 돈으로 차라리 중국으로 가는 비행기 표를 끊어 며칠간 게스트하우스에서 중국인과 보디랭귀지를 섞어 가며 수다를 떠는 게 낫습니다. 회화 참고서를 외울게 아니라 중국 드라마를 보며 자신만의 회화 노트를 써보세요. 학원에서 독해 강의 들을 시간에 지하철이나 버스에서 수시로 위챗을 켜서 공중계정으로 글 읽는 습관을 들여 보세요. 이렇게 가장 효과적이면서도 현실적인 공부 계획을 세워 매일매일, 최소한의 노력으로 꾸준히 하는 겁니다.

이 책 곳곳에 심어놓은 디테일한 공부법들은 대부분 즉각 적용해 볼 수 있어요. 하지만 어떤 것들은 시간이 지나 몇 달 뒤에야 "아, 이런 의미였구나" 하는 번뜩이는 순간이 올 거예요. 이 책을 읽으면서 '얍삽한 토끼'의 전략과 공부 방법을 알아가길 바랍니다.

아! 한 가지 이 책을 읽기 전에 아셔야 할 것이 있어요. 《중국어 6개월에 끝내고 알리바바 입사하기》는 전문가가 자신의 지식을 전달하려고 쓴 책이 아니라 비전문가인 제가 중국어를 어떻게 공부했는지 그 '전략'을 공유하는 책이에요. 다시 말해 중국어 공부를 도와주는 책이긴 하지만 일반 참고서가 아닌 관계로 중국어 한자는 거의 찾아보기 어려울 거예요.

자, 그럼 '중국어 6개월에 끝내기'를 함께할 준비가 되셨나요?

1장

중국어,
하기 전엔 정말
몰랐다!

**영어만 죽어라 파던 사람은
한 번쯤 되돌아볼 것!**

마크 저커버그는 왜 중국어를 공부할까

2015년 10월 페이스북의 CEO 마크 저커버그가 중국 칭화대에서 연설을 했습니다. 중국어로 무려 22분 동안 말이죠. 2014년 비슷한 시기에도 같은 곳에서 행사가 있었는데, 그때는 혼자서 하는 연설이 아니라 중국인 진행자가 던지는 질문에 중국어로 답변하는 대담 형식이었어요.

제가 그 연설을 들으면서 느낀 게 두 가지입니다. 첫 번째는 지난해와 비교해 중국어가 훨씬 유창해졌다는 점이고, 두 번째는 하루를 분 단위로 쪼개 쓸 것 같은 페이스북의 창업자가 중국어를 연마하기 위해 얼마나 피나는 노력을 했을까 하는 점입니다.

저커버그의 새해 목표에 중국어 공부가 빠지지 않는 이유

마크 저커버그가 매년 페이스북에 새해 목표로 올리는 리스트에 중국어 공부가 빠지지 않는 이유는 뭘까요? 더 흥미로운 것은 마크 저커버그가 대외석상에서 통역가 없이 직접 그 나라의 언어를 구사한 것이 딱 중국어뿐이라는 점이에요. (궁금해서 찾아 보니 프랑스어, 스페인어 등 전혀 없더군요.) 그에게 중국어는 어떤 의미이기에 그렇게 바쁜 시간을 쪼개 공부하는 걸까 궁금했어요. 마크 저커버그는 언제나 현재 존재하지 않는 기회를 창조하고자 노력하는데, 전 세계에서 정부의 규제로 페이스북이 막혀 있는 국가가 바로 중국입니다. 그러다 보니 이걸 어떻게든 호의적으로 풀어내는 것이 그에겐 매우 중요한 미션일 겁니다.

저는 중국인에게 중국어로 건네는 말 한 마디가 단어의 의미를 뛰어넘는 정서적 가치를 담고 있다고 생각해요. 그 안에는 '난 당신을 존중합니다' '난 당신의 문화를 이해합니다'라는 뜻을 담고 있죠. 더 나아가 '나는 당신과 진지하게 친구가 되고 싶습니다' '나는 진심으로 당신과 비즈니스를 하고 싶습니다'라는 뜻을 내포하고 있습니다. 그리고 상대방 역시 그걸 느낍니다. 마크 저커버그는 언어로써 중국 사회에, 중국 정부에 '신뢰'라는 가치를 심어주고자 하는 건 아닐까요?

처음 중국에 중국어 공부를 하러 가겠다고 했을 때 공대 출신인 한 친구가 이렇게 말했어요.

"앞으로 실시간 통역 기술이 엄청 발전해서 언어 공부를 할 필요가 없어진다고!"

그땐 그 말에 조금 혹했어요. 그런데 중국에서 중국어를 쓰면서 공부하고 일해 보니, 그때 그 친구의 말을 듣지 않길 잘한 것 같아요. 그 친구 말대로 단순히 업무적인 부분을 처리하는 데는 통역가나 번역기의 도움으로 문제 없이 처리할 수 있습니다. 하지만 단언컨대 '신뢰와 관계가 바탕이 되는' 일에서는 직접 그들의 언어를 썼을 때만이 기회를 쟁취할 수 있습니다.

유명한 명언 중에서 이 문장을 들어본 적이 있나요?

"책을 읽는다고 성공하는 것은 아니지만 성공한 사람 중에서 책을 읽지 않는 사람은 없다."

비슷한 맥락에서 저는 이런 생각을 해요.

"중국어를 구사한다고 해서 중국에서의 사업이 꼭 성공하는 것은 아니지만, 중국에서 사업적으로 성공한 사람 가운데 중국어를 구사하지 못하는 사람은 없다."

만약 앞으로의 기회가 무궁무진한 학생이라면, 중국에서 비즈니스의 물꼬를 트고자 하는 사업가라면, 또는 신뢰가 중요한 관계 중심적인 업종에 종사한다면… 지금 당장 중국어 공부를 시작하세요!

01

영어만 잘하면 되지,
중국어가 왜 필요해?

프린스턴, 코넬, 스탠퍼드 등
내로라하는 대학 출신들과
어깨를 나란히 할 수 있었던 것은
중국어라는 경쟁력 덕분이었다.

가끔 후배들을 만나면 이런 질문을 받습니다.

"컨설팅 회사의 인턴 자리 들어가기가 진짜 어렵다고 하던데 어떻게 합격했어요?"

마음 같아서는 엄청난 비결이라도 알려주고 싶지만, 사실 자랑스럽게 내세울 것은 하나뿐이에요.

"중국어를 할 수 있어서."

다른 사람은 2차도 모자라 3차 면접까지 본다는 인턴십 시험을 전화 통화 두 번으로 합격한 이유가 바로 중국어였습니다. 첫 면접 전화를 받았을 때 면접관이 대뜸 "중국어로 1분 동안 전자상 거래 시장에 대해 아는 것을 자유롭게 설명해 보세요"라고 하는 거예요.

머릿속으로 무슨 말을 어떻게 해야 할지 정리하느라 잠시 머뭇거렸습니다. 그러자 면접관이 "여기서 지원자들이 많이 어려워하더군요. 중국어 하실 수 있죠?"라고 물어보는 거예요. 지레짐작으로 중국어를 못할 거라고 생각한 것 같았어요.

"당연히 할 수 있죠! 알리바바 본사에서 일하다가 어제 귀국했는걸요."

제 대답에 면접관은 놀람 반 기대 반으로 이렇게 물었어요.

"중국에 있는 본사 말인가요? 그럼 워킹 랭귀지working language 가 중국어였나요?"

"네. 제가 있던 부서는 외국인이 저 한 명뿐이라서 중국어만 썼어요!"

이렇게 대답하면서도 '지원자 가운데 중국어를 하는 사람이 어지간히 없었나 보네'라는 생각이 들었어요.

"인턴십을 중국 알리바바 본사에서 했다니 중국어는 당연히 잘하겠네요. 그럼 내일쯤 다시 한 번 전화할게요. 제가 중국어는 못 알아들으니까요."

다음 날 다시 전화가 와서 30분 정도 통화한 뒤에 합격 통보를 받았습니다.

중국어,
스펙을 앞서다

그때 보스턴컨설팅그룹에서 착수했던 프로젝트는 미국 시장과 중국 시장을 조사해 벤치마킹을 하는 것이 핵심이었나 봐요. 그런데 다들 알다시피 중국에서는 구글이 안 되잖아요. 따라서 중국 시장에 대한 아주 세부적이고 실시간으로 필요한 정보는 중국의 검색엔진 바이두Baidu에서 중국어로 검색해야만 하는데 중국어로 리서치 할 수준의 지원자를 찾기가 어려웠던 거죠.

인턴십을 시작하고 나서 며칠 동안은 '내가 있어도 되는 곳인가'라는 생각이 들었어요. 함께 들어온 인턴들이 미국 프린스턴, 코넬, 스탠퍼드 출신인데다 심지어 MBA 과정을 끝낸 사람까지 있었으니 기죽을 만했죠.

그런데 시간이 조금 지난 뒤 주어지는 일의 양이 제가 가장 많다는 사실을 알게 되었어요! 그 프로젝트에서 중국 쪽 조사가 필요한 부분이 많았지만, 그걸 할 수 있는 사람이 저밖에 없었거든요. 이후 컨설턴트들의 조사 요청이 끊임없이 들어왔어요. 받아

오는 일의 양이 많은 만큼 배울 것도 많았습니다. 당시 제가 내로라하는 대학 출신들과 어깨를 나란히 할 수 있었던 이유는 중국어라는 경쟁력 덕분에 기여할 수 있는 확실한 업무가 있었기 때문이었죠. 그래서 리서치 어시스턴트로 일하는 동안 그렇게 든든할 수가 없었습니다.

솔직히 영어는 잘하는 사람이 참 많아요. 그러다 보니 어느 정도 한다고 해도 경쟁력이 되기가 어려운 게 사실이에요. 그런데 중국어를 잘하는 사람은 별로 없어요. (아직까지는요!) 그래서 조금만 잘해도 그게 엄청난 강점이 되곤 해요. 취업이나 인턴십 공고 게시판에 중국어를 검색해 보면, 예전에 비해 공고 수가 정말 많이 늘었다는 걸 알 수 있어요. 필수조건이나 우대 사항에 중국어를 넣는 기업이 그만큼 많아졌다는 얘기겠죠!

02

중국어를 하는 순간,
당신의 무대가 세 배로 확장된다

중국어 구사 능력은 중국 대륙에서만
빛을 발하는 게 아니다. 중국인이 있거나
중국 자본이 들어간 지역이면 그곳이 어디든
큰 플러스 요인으로 작용할 수 있다.

"우리가 상대하는 클라이언트, 특히 중요한 클라이언트 가운데 대

다수가 중국 대륙 쪽 사람이거든. 그래서 유창하진 않아도 네트워

크 구축을 할 수 있을 정도로 중국어를 한다면 정말 좋겠지."

홍콩 블룸버그에서 애널리스트로 일하는 한국인 친구가 해준

이야기예요. 최근 홍콩으로 직장을 옮기면서 중국어를 할 줄 아

는 게 예전보다 더 큰 플러스 요인으로 작용한다며 좋아했어요.

중국어 구사 능력은 중국 대륙에서만 빛을 발하는 게 아니에

요. 중국인이 있거나 중국 자본이 들어간 지역이면 그곳이 어디

든지 큰 플러스 요인으로 작용할 수 있다는 뜻입니다! 중국어를 공용어로 쓰는 홍콩과 싱가포르는 물론이고 '중국 투자 열풍'이 부는 동남아시아와 아프리카, 중국 자본이 대거 유입된 우리나라에서도 중국어가 참 중요해졌어요.

심지어는 미국 실리콘밸리에서도 중국어 할 줄 아는 사람을 뽑는다고 합니다. 중국의 거대 벤처캐피털들이 미국 유수의 스타트업과 IT 기업에 일찍이 발을 들여놓았고, 중국 3대 IT 기업인 바이두와 알리바바, 텐센트가 앞다투어 미국 시장에 파고들고 있습니다. 베이징에서 어학연수가 끝나갈 때쯤 평소 존경하고 따르는 교수님으로부터 다음과 같은 페이스북 메시지가 왔어요.

"그때 중국에 가길 정말 잘한 것 같아. 최근 실리콘밸리 벤처캐피털 몇 군데와 미팅했는데 모두 중국어를 할 줄 아는 인재를 찾더라고…. 중국 시장에 관심이 있긴 한데 막상 시작하려니 실리콘밸리에는 중국어를 할 줄 아는 사람이 많지 않아서 적당한 인재를 찾기 어렵다고 하더구나."

아이러니하게도 이 교수님은 제가 휴학하고 중국으로 간다고 했을 때 "지금처럼 학점 관리를 잘하면 되지 뭐하러 중국까지 가니···"라고 말씀하셨어요. 그때 잠깐이지만 제 결심을 흔들어놓았던 분이시고요.

사실 교수님 외에도 말리는 사람이 꽤 많았어요. 동기 몇 명과 가장 친한 친구들은 "갑자기 중국에 간다고! 뭣 때문에?"라며 이해할 수 없다는 반응을 보였거든요. 게다가 중국은 생활하기 불편하다면서 말리는 친척도 많았고요. 그도 그럴 것이 그때만 하더라도 중국에 대한 인식이 지금같지 않았으니까요. 하지만 가족들과 친구들이 옆에서 자꾸 말리니 오히려 오기가 생기는 거예요. 중국 땅에서 제대로 실력 발휘해서 하나의 성공 사례가 되겠다는 원대한 포부를 갖게 된 거죠!

지금 생각해 보면 주변 사람들의 만류를 뿌리치고 중국으로 떠났던 게 탁월한 선택이었다는 생각이 들어요. 그새 중국은 전 세계적으로 더욱 중요한 위치를 갖게 되었고, 그 사실을 사람들이 인식하기 시작했죠.

원 투 헌드레드의 중국,
"여기서 한번 일해 보지 않을래?"

미국 기업 페이스북은 자사의 메신저 서비스를 개선하기 위해 중국의 위챗을 배우겠다고 나섰으며, 카카오톡도 중국의 사용자 경험을 증진시키기 위한 위챗의 노력을 주시하며 카카오톡의 서비스에 이를 적용해 보고 있습니다. 또한 쿠팡과 티켓몬스터가 예전엔 미국의 아마존을 참고했다면 이제는 중국 징동닷컴(京东, JD.com)과 같은 방향으로 가고 있어요.

물론 시장의 지형을 뒤바꿀 정도의 기술 혁신은 주로 중국이 아니라 미국에서 시작됩니다. 미국에서 일어난 기술 혁신이 시장성과 수익성이 어느 정도 증명될 때쯤 중국으로 유입되고, 중국 소비자에게 맞는 새로운 비즈니스 모델로 재탄생하는 거죠.

중국인이 '돈에 밝다'는 이야기를 많이 들어봤을 거예요. 실제로도 그렇습니다. 중국은 현존하는 사용자의 수요를 발견하고 새로운 비즈니스 모델로 포장해 서비스를 만들어내는 데 뛰어납니다. 조금 과장해 수익성이 있으면서도 소비자의 불편을 해결하는 거의 모든 사업 모델을 중국에서, 만날 수 있어요. 제로 투 원zero to one의 혁신은 미국 땅에서, 그것을 원 투 헌드레드one to hundred로 발전시키는 혁신은 중국에서 일어나는 거죠!

여기서 좀 더 현실적으로 생각해 미국과 중국 가운데 어느 나라에서 더 많은 기회가 주어질 것인지를 따져 봐야 합니다. 우리가 조연이 아니라 주연으로 활동할 가능성이 더 큰 나라는 어디일까요?

마지막 블루오션의
기회를 잡아라

　제 경험상 중국어 실력은 중국인 사이에서보다 외국인 사이에서 오히려 더 강력한 무기로 활용됩니다. 어학연수를 할 때는 베이징에 있었고, 알리바바에서 일할 때는 항저우에 있었고, 테크노드에서 일할 때는 상하이에 있었어요. 그 가운데 중국어 하길 진짜 잘했다고 가장 많이 느낀 곳이 바로 외국인과 외국 기업이 많은 상하이였습니다.

　지금 전 세계적으로 중국 시장, 중국인과 비즈니스를 하고자 기회를 엿보는 기업이 늘고 있고, 이들 기업은 중국 비즈니스를 뚫기 위해 중국어를 할 줄 아는 인재를 찾고 있어요. 물론 그렇다고 해서 언어 능력이 전부는 아닙니다. 거기에 전문 영역에 대한 실력이 더해져야 완벽하다고 할 수 있죠. 하지만 언어 구사력을 하나 더 갖춘다면, 특히 그 언어가 중국어라면 더 많은 기회가 주어질 거예요! 이건 지금 중국어에 블루오션의 기회가 있다는 말이죠!

한자 1도 몰랐던 내가
중국어를 하다니!

중국어를 써야 하는 그 어떤 상황에서도
우리는 절대 '손으로' 중국어 단어를
쓸 필요가 없다.

"학교 다닐 때 한문 시험에서는 죽을 쑤더니 어떻게 중국어 공부를 한 거야?"

중국에서 어학연수를 하던 중 넉 달째 되었을 때 HSK 6급 합격증을 받고 난 뒤 부모님과 친구들에게 귀에 못이 박힐 정도로 들은 말입니다. 중·고등학교 때 한자 암기하는 걸 지독하게 못했기 때문에 다들 의아해했을 거예요.

네. 맞아요. 저는 고등학교 때 한문 시간을 수학 자습 시간으로 쓸 정도로 한자 암기하는 걸 싫어했어요. 아니, 사실 암기는 어떻게 꾸역꾸역 해보겠는데 손으로 한자를 직접 써야 하는 중간과 기말고사는 도저히 자신이 없었죠. 그런 제가 중국어 공부를 처음 시작했을 때 중국어 단어가 한자라는 게 얼마나 겁이 났겠어요. 게다가 6개월 안에 HSK 6급을 따겠다고 큰소리까지 쳐놓았으니… 걱정이 이만저만이 아니었죠!

한자, 중국어 공부의
장애물이 아니다

중국어 공부를 시작하면서 이 많은 한자 단어를 어떻게 하면 전략적으로 암기할 수 있을까 계속 고민했어요. 이리저리 전략을 짜느라 골머리를 앓던 중 중국인 친구가 노트북 사용하는 것을 보게 되었죠. 우리가 쓰는 키보드에는 한글의 자음과 모음이 알파벳과 함께 표기되어 있는데, 중국인 친구가 쓰는 노트북의 키보드에는 한자 없이 알파벳만 표기되어 있는 거예요! 친구가 이메일을 쓰는 것을 옆에서 자세히 보니 알파벳으로 이루어진 병음만 입력하면 자동으로 해당 중국어 단어가 뜨고 그중 하나를 선택하면 그걸로 끝이었어요.

<u>dang wo sha ya</u>

| 1 当我傻呀 | 2 当我 | 3 当 | 4 党 | 5 挡 |

▌병음 입력기

'하긴 어떻게 한자를 일일이 키보드로 입력하겠어. 만약 그렇다면 한자를 굳이 손으로 쓸 필요도 없지 않을까?'

중국어를 배우기 위해 학원에 가면 대부분 한자 쓰는 연습부터 시킵니다. 단어 시험을 볼 때 한자를 보여주고 그 뜻을 쓰라고 하면 쓰겠는데 뜻을 보고 한자 단어를 쓰라고 하면…, 어휴! 절망스러움에 한숨부터 나왔습니다.

저처럼 한자 쓰기에 고통과 어려움을 느끼는 사람들에게 조언하나를 하겠습니다.

"쓰기 연습은 생략하세요."

여기서 쓰기 연습은 문장을 만들고 글 한 편을 쓰는 작문이 아니라 한자를 직접 손으로 쓰는 것을 말합니다.

사실 많은 시간을 투자해야 하는 쓰기 연습은 투자 대비 효용성이 매우 낮습니다. 게다가 중국어를 직접 써야 하는 그 어떤 상황에서도 우리는 절대 '손으로' 중국어 단어를 쓸 필요가 없어요. 그게 무슨 뚱딴지같은 소리냐고요?

중국과 관련된 비즈니스 업무를 보는 상황을 떠올려 보세요. 대부분 중국 파트너와 대화를 나누거나 이메일을 주고받고 중국어 계약서를 읽는 모습일 거예요. 비즈니스가 중국어 공부의 목표가 아니라면 중국 친구와 수다를 떨거나 중국 여행을 다니는 모습이 떠오를 겁니다. 이런 상황에서 중국어로 뭔가를 써야 한다면 예외 없이 노트북이나 컴퓨터, 스마트폰 정도일 거예요. 그런데 이런 경우 한자를 직접 입력하는 것이 아니라 키보드로 병음 입력기를 사용해 화면에 뜨는 여러 한자 가운데 하나를 선택하면 됩니다.

한자의
병음만 암기하라

결국 우리가 '쓰는' 것은 병음이지 한자가 아니에요. 따라서 단어를 공부할 때 한자 쓰는 연습은 생략하고 알파벳 병음만 암기하면 된답니다. 단어를 전략적으로 암기해야 하는 이유가 바로 여기에 있어요! 이것만 머릿속에 넣어두고 중국어 단어를 공부할 때 한자가 복잡한지 아닌지에 연연해할 필요 없이 한자의 의미, 병음, 발음만 공부하면 엄청난 양의 시간을 절약하고 그 시간에 더 많은 단어를 암기할 수 있습니다.

물론 한자를 직접 손으로 쓸 수 있다면 백번 좋겠지만, 저는 그보다 효율성과 투자 대비 활용도를 고려해 한자 쓰기를 과감히 포기하고 단어량을 선택한 셈이죠. 그런데 중국 기업에서 일하면서 저의 이런 선택에 더욱 확신을 가질 수 있었습니다. 알리

바바에서 일하는 동안 단 한 번도 손으로 한자를 써본 기억이 없
거든요. 가끔 노트북을 두고 온 날에는 갤럭시 태블릿을 썼는데,
빠르게 받아 적기 위해 펜을 사용한 적이 있을 뿐입니다. 회의
시간에 다른 사람의 말을 들으면서 의미와 한자 생김새는 대충
아는데 어떻게 쓰는지 정확히 모르는 단어는 그냥 병음으로 썼어
요. 어차피 쓰기 공부를 했더라도 말하는 속도가 너무 빨라서 일
일이 적지 못했을 거예요. 익숙한 병음으로 써놨다가 나중에 파
일로 정리할 때 타자를 치면서 한자로 바꿔 기록하면 되거든요.

아주 가끔씩, 예를 들면 중국에서 주숙 등기를 하러 동사무소
에 갔는데 펜으로 서류를 작성하다가 몇몇 단어가 어떻게 쓰는지
정확하지가 않아서 폰으로 찾아볼 때 약간 번거롭긴 했지만, 까
짓것 뭐, 아낀 시간에 비하면 그 정도야 싶었습니다.

이쯤에서 이런 질문이 나올 거예요.

"그럼 HSK 시험은 어떻게 본 거죠?"

걱정하지 마세요. HSK는 페이퍼로 보는 PBT 형식과 컴퓨터
로 보는 iBT 형식이 있답니다. iBT 형식을 선택하면 직접 중국어
를 써야 하는 쓰기 영역에서도 컴퓨터 화면을 보며 병음 입력기
로 타자를 치면 됩니다. 저 역시 HSK 5급과 6급 모두 iBT로 봤
고요.

제가 이 책을 통해 전달하고 싶은 공부법은 철저하게 효율성에 방점을 찍은 방법입니다. 자신이 원하는 것을 쟁취하기 위한 수단으로 중국어를 배우는 것이기 때문에 실전 상황을 떠올리면서 그에 맞춰 칠 것은 치고 더할 것은 더해서 공부 방법을 재구성해야 합니다.

영문법은 어렵지만
중문법은 식은 죽 먹기

중국어 문법은 '모르면 틀리는' 문법이라기보다
'알면 좋은' 문법이다. 꼭 적용해야 하는
몇 가지 문법을 제외하면 나머지는 문장을
고급스럽게 만드는 윤활유 역할을 할 뿐이다.

주변에 중국어 공부하는 사람이 많죠? 제 주변에 중국어 공부
한 지 얼마 안 된 지인들 가운데 "와! 중국어 재밌어!!"라고 말하
는 사람이 정말 많아요! 그럴 때면 곰곰이 생각해 봤죠.

'나도 처음에 중국어 공부할 때 재밌어 했던가…?'

생각해 보니 그랬던 것 같아요. "중국어 재밌으니깐 너도 한번
해봐!"라는 말을 달고 살았던 것 같네요.(물론 지금도 그렇지만.)
근데 사람들은 왜 중국어를 재미있게 느낄까요? 영어 공부할 땐
정말 안 그랬던 것 같거든요. 영어 공부하면서는 기초 단계든 고
급 과정이든 '재밌다'고 할 정도로 공부가 즐겁지는 않았거든요.

그렇다면 중국어가 재미있는 이유가 뭘까요? 네, 맞습니다! 이유는 바로 문법에 있답니다.

중국어에는
문법이 없다?

두꺼운 성문 영어 문법책을 떠올려 보세요. 우린 영어로 문장 하나를 내뱉기 위해 조동사, 3인칭, 대과거 등등 듣기만 해도 어려운 문법을 익혀야 했어요. 그리고 지금도 영어는 이메일을 쓸 때도, 연설문을 쓸 때도, 외국인 앞에서 말을 할 때도 문법이 무척 신경 쓰여요. 동사에 s 하나 안 붙이면 '틀린 문장'이 되어버리니까요.

매우 역설적인 말인데, 저는 중국어 공부를 하면 할수록 오히려 영어 공부가 얼마나 어려웠는지를 새삼 깨닫고 있어요. 단지 아주 어렸을 때부터 영어를 배워 왔기 때문에 체감하지 못하는 것뿐이죠.

만약 누가 저한테 1년 안에 미국 기업에서 일할 정도까지 영어 실력을 키워 오라고 한다면 절대 못 할 것 같아요. 시제, 대명사 등등 개념을 익히는 데만 아마 반 년이 훅 가버릴 거예요. 그런데 만약 그게 중국어라면? 저는 누구나 가능하다고 자신 있게 말할 수 있어요. 제가 중국어 공부를 짧은 기간 안에 스파르타로 학습할 수 있었던 가장 큰 이유 중 하나가 바로 비교적 간단한 중국어 문법 덕분이었어요. 만약 영어만큼 복잡하고 까다로운 문법 체계를 가지고 있었다면 6개월 안에 중국어를 마스터하기는 커녕… 6개월간 문법만 하다가 시간이 다 갔겠죠.

"중국어는 문법이 없다"라는 말을 들어본 적이 있나요?

이 말은 약간 과장된 감이 없잖아 있는데요, 그만큼 공부할 문법이 적다는 포인트에 대해서는 전적으로 동의합니다. 물론! 우리가 중국어 학자가 될 게 아니라 비즈니스를 하기 위해 중국어를 배운다는 전제 하에서요. 이런 점에서 우리가 배워야 하는 중국어 문법은 영문법에 비해 양적으로 훨씬 적고, 이해가 안 돼서 고생하는 문법도 별로 없어요. 따라서 HSK 시험공부를 하면서 참고서 안에 있는 문법 분량만, 덜도 말고 더도 말고 딱 거기까지만 공부하면 됩니다. 저도 그랬고요.

무엇보다 중국어 문법은 '모르면 틀리는' 문법이라기보다는 '알면 좋은' 문법입니다. 즉 중국어 문장에서 무조건 필수적으로 적용해야 하는 소수의 문법적 규칙을 제외하면 나머지는 그것을 활용할 때 문장이 훨씬 더 고급스러워지는 효과를 주는 윤활유 역할을 합니다.

특히 제게 가장 와닿는 영문법과 중문법의 차이는 단어를 변형하지 않는다는 점이에요. 영어는 주어가 몇 인칭이냐에 따라 동사 뒤에 s가 붙기도 하고, 시제에 따라 동사를 세 가지 다른 형태로 적죠. 또한 부사이면 ly를 붙이고 앞에 뭐가 있느냐 없느냐에 따라서 what을 쓸지 which를 쓸지 결정돼요. 그런데 중문법에서는 단어를 내버려둡니다. 중국어의 근간이 한자이고 한자는 그 형태가 변형되지 않기 때문이죠. 쉽게 말해 '좋아하다'라는 단어가 영어에서는 like, likes, liking, likely, liked까지 다양하게 바뀌는데, 중국어는 그냥 어떤 상황에서든 단어 喜欢(xǐhuan, 좋아하다)이 바뀌지 않아요. 영어에서는 주어에 따라 똑같은 be동사가 am, is, are 이렇게 바뀌는데, 중국어는 그냥 是(shi) 하나로 어디든 다 씁니다.

가져다 붙이면 되는
심플한 형식

중국어에서 변형하지 않는 것은 단어 그 자체의 형태 말고도 또 하나가 있어요. 바로 어순이에요. 영어는 의문문을 만들 때나 도치를 할 때 문장 안에 쓰인 여러 단어의 순서가 뒤죽박죽

되어 골머리를 앓았던 기억이 나요. '그는 당신을 좋아한다'를 의문문으로 만들어 볼까요?

He likes you. → Does he like you?

그런데 중국어는 이렇게 복잡하지 않아요. 아주 간단하게 말하면 중국어는 단어든 어순이든 그 자체는 바뀌지 않고 새로운 무언가를 가져다 붙이는 형식입니다.

他喜欢你 → 他喜欢你吗？
tā xǐhuan nǐ → tā xǐhuan nǐ ma?

즉 의문을 나타내는 吗(ma)만 뒤에 붙이면 '~입니까?'로 끝나는 의문형이 되어버립니다. 그래서 더 쉽게 느껴져요.

그러니까 혹시라도 영문법을 공부하면서 생긴 트라우마로 중국어라는 언어를 공부하기가 두려운 사람이 있다면 자신 있게 말할 수 있어요. 전혀 걱정할 필요가 없다고요!

중국어를 공부한 6개월간의 시간이 제가 문법을 공부한 유일한 기간이었는데도 그 뒤로 중국 기업에서 일을 하고 중국 사람들과 교류할 때 문법 때문에 불편을 느낀 적이 없었어요. 물론 외국인이라는 이유로 더더욱 문법에 집착할 필요가 없기도 했고요.

한국인이 중국어 안 하면
너무 아깝다

중국어를 공부할 때 어느 정도 기초만 습득하면
한자권인 우리는 단어를 이해하고 암기하는 게
비교적 쉽고 빠르다.

중국 상하이에서 열린 스타트업 그라인드Startup Grind 행사에 참석해 나란히 앉아 있다가 친해진 영국인 친구가 있습니다. 그의 이름은 라이언. 작년 겨울 한국의 스타트업 투자자들을 데리고 중국 스타트업계를 탐방하는, 일명 테크트립이라는 프로그램을 기획했을 때 가장 먼저 연락해 강연해 달라고 부탁했을 정도로 그는 이쪽 분야에서 '제대로 된 전문가'로 손꼽히죠. 라이언은 상하이에서 두 번 창업한 연쇄창업가이자 《아시아에서 생활한 10년 동안 겪은 나의 이야기들I spent 10 Years in Asia and all I Got were These Lousy Stories》을 쓴 작가이기도 해요. 하지만 제 눈에는 이런

저런 타이틀을 떠나 그냥 '독한 사람'이었습니다! 다름 아닌 그의 중국어 실력 때문에요.

어디선가 봤던 글자,
한자라는 공통분모

라이언처럼 영어권에 속하는 사람이 중국어를 유창하게 구사하는 것은 대단히 어려운 일이에요. 제가 1,000시간을 투자해 지금의 실력이 되었다면 그는 1만 시간을 투자해 지금의 실력을 갖게 되었을 겁니다.

왜냐고요? 한국인인 저는 모국어와 중국어 사이에 한자라는 동일한 바탕, 즉 공통분모가 있는 반면 영국인인 라이언에게는 모국어 영어와 중국어 사이에 어떤 공통분모도 찾아보기 어렵기 때문이죠.

우리말 가운데 70%가 한자에서 왔습니다. 중국어는 그 한자의 획을 더 간소화시킨 한자, 일명 '간체자'를 쓰고 있고요.

한국어	한자	중국어
인물(人 사람 인, 物 물건 물)	人物	人物[rénwù]
삭제(削 깎을 삭, 除 덜 제)	消除	消除[xiāochú]

결론(結 맺을 결/상투 계, 論 논할 론[논])　　結論　　　结论[jiélùn]

여론(輿 수레 여, 論 논할 론[논])　　　　輿論　　　舆论[yúlùn]

나란히 놓고 보니 비슷하죠? 우리가 일상적으로 쓰는 단어 가운데 상당수가 한자를 바탕에 두고 있으며, 알게 모르게 우리 한글에 영향을 미치고 있어요. 반면 영어는 라틴어에서 파생된 언어입니다. 그래서 영국인에게는 라틴어라는 동일한 바탕에서 파생된 스페인어를 공부하기가 한결 수월합니다.

한국어	중국어	영어	스페인어
인물	人物	figura, person, character	figure, personalidad(f. 여성명사), carácter(m. 남성명사)
삭제	消除	elimination exclusion	eliminar, borradura(f. 여성명사), exclusión(f. 여성명사)
결론	结论	conclusion	conclusión(f. 여성명사)
여론	舆论	public[popular, general] opinion; public sentiment	opinión, pública(f. 여성명사), sentimiento(m. 남성명사), voz popular(f. 여성명사),

하지만 중국어와 영어는 어디 하나 연결시킬 만한 공통분모가 없어 라이언은 중국어 단어를 맨땅에 헤딩하듯 완전히 새롭게 암기해야 했을 겁니다.

영어보다 중국어가
'당연' 쉽다

미국의 어느 잡지에서 중국어를 전 세계에서 가장 배우기 어려운 언어로 꼽은 것이 이해가 되더라고요. (심지어 아랍어까지 제쳤습니다!) 한자가 서로 결합해 수많은 단어가 만들어지니… 어렵지 않다면 그게 오히려 이상한 일이죠. 그들에게 중국어는 미지의 문자니까요.

하지만 영어권 국가 사람들과 달리 한자권 국가인 우리나라와 일본 사람은 중국어를 공부할 때 어느 정도 기초만 습득하면 단어 이해가 빠르고 암기도 비교적 쉽게 할 수 있어요. 만약 우리나라와 일본에서 설문조사를 했다면 배우기 어려운 외국어 TOP 10 안에 중국어가 들어가진 않았을 거예요.

그렇게 생각하면 우리나라 사람들이 참 대단하다는 생각이 들어요. 그동안 우리말과 전혀 다른 영어를 그렇게 열심히 해왔으니까요! 어렸을 때부터 영어를 공부해서 그나마 덜 어렵게 느껴지는 것이지, 만약 커리어에 영어가 더 도움이 된다는 주장에 대한 옳고 그름을 따지지 않고 개인의 선호도도 따지지 않는 선에서 영어와 중국어를 같은 시기에 시작했다면 중국어를 훨씬 먼저 뗐을 겁니다.

2장

큰 목표를
작은 목표로
재구성하기

**원하는 결과를 만드는
'살아 있는' 공부 전략**

열심히 하기 전 자신의 '니즈'부터 파악하라

중국 항저우에서 열린 알리바바 개발자 회의에 참석했을 때의 일입니다. 행사의 대미를 장식하는 날, 중국인 동료가 알리클라우드(알리바바의 클라우드 서비스)에서 주최하는 스타트업 경진대회가 있다고 해서 따라갔어요. 거기서 대회 기획팀장을 소개 받았는데, 제가 한국인이라는 것을 알고 최종 선발된 열한 팀 가운데 한국 팀이 있다고 말해주더라고요.

중국인, 중국 스타트업의 잔치 격인 이 행사에 한국인이 있다니! 전혀 예상치 못한 수확(?)에 신이 나서 바로 소개를 받았어요. 그때 만난 사람이 바로 헬스케어벤처 모바일닥터의 오남수 대표예요.

원래 외국 땅에서 한국인 만나면 반갑잖아요. 한쪽 구석에서 여기까지 오게 된 각자의 이야기를 가지고 한참 수다를 떨었어요. 알고 보니 모바일닥터는 한국 전체 예선에서 1위를 해서 항저우까지 오게 된 대단한 팀이었어요.

절실함과 확고한 목표를 가져라

"민지 씨는 알리바바에 있었으니 중국어를 잘하겠네요. 중국에 출장 온 지 이제 2주째 되어가는데, 생각보다 너무 좋아요. 그전에 홍콩이랑 일본에도 갔었는데, 거기보다 중국 박람회나 전시회의 반응이 훨씬 좋아요. 다른 데서 만난 바이어들은 상품을 마음에 들어 해도 회사 내부 절차가 복잡해서 계약까지 성사되기가 어려웠거든요. 그런데 중국 바이어들은 딱 보고 마음에 들면 그 자리에서 계약서를 꺼내 조건을 논의한 다음에 바로 서명을 해버리더라고요."

"맞아요, 중국이 절대적으로 바이어 수가 많기도 하고, 원래 중국인들 비즈니스 스타일이 화끈한 면이 없잖아 있어요. 직설적이고 행동력도 있고."

"네, 실감하고 있어요. 이곳에서는 뭔가 잘될 것 같다는 예감이 들어요. 그래서 그런지 중국어를 너무 배우고 싶어요. 아니 필요해요. 투자자들과 영어로 대충 소통이 되긴 하지만 우리 회사의 제품 특성상 현장에서 피드백을 받고 계속 업그레이드 하려면 CEO인 제가 직접 소비자들과 접촉하고 호흡해야 훨씬 더 좋은 결과를 얻을 수 있을 텐데 말이에요."

그의 말에는 중국어 공부에 대한 간절함과 절실함이 묻어나 있었습니다. 평소 진정성을 보여주는 사람 앞에서 무방비로 대방출되는 제 오지랖에 발동이 걸려 다음과 같은 제안을 했어요.

"그럼, 중국어를 가르쳐 드릴까요? 저도 잘하는 건 아니지만 그동안 공부하면서 만들어놓은 '방법론'과 '전략'이 있거든요."

"그 방법이 다른 사람에게도 먹히는지 한번 테스트해 보고 싶지 않아요? 제가 그 방법의 실험 대상이 되면 어때요?"

이렇게 해서 성사된 중국어 수업은 상하이에서 다시 만나 두 시간 동안 진행되었습니다.

저는 모바일닥터 대표와의 만남으로 두 가지 사실을 깨달았습니다. 먼저 중국어 공부를 잘해낼 수 있을지 판단하는 데 있어 시간적으로 여유가 있느냐 하는 것보다 얼마나 절실한가가 훨씬 더 중요하다는 것! 그리고 자신이 중국어를 어디에 어떻게 쓸지에 대한 명확한 목표가 있어야 한다는 거죠. 절실함과 확고한 목표를 가진 사람의 중국어 공부 속도는 누구도 따라잡을 수 없거든요.

'확고한 목표'는
가장 강력한 무기!

중국어를 공부하겠다고 결심했다면
정말 '필요'하기 때문이어야 한다.
중국어를 배워 자신이 얻고자 하는 게 무엇인지
목표의식이 뚜렷해야 한다는 뜻이다.

하루는 미국 캘리포니아로 교환학생을 간 친구한테서 전화가 왔어요. 영어 실력을 키워 돌아가고 싶어서 스피킹, 리딩 등 이러 이러하게 공부 계획을 세웠는데 한번 봐달라고 하더군요. 보내준 계획표를 살펴보니 '토익 시험 문제집 풀기'와 '회화책 읽기' 이 두 가지 말고는 별다른 계획이 없는 거예요. 그래서 친구에게 물었 어요.

"너 영어 공부를 왜 하는데?"

"아, 영어를 잘 못해서….'

"그럼 영어를 왜 잘하고 싶은 건데?"

몇 번을 물은 뒤에야 친구의 입에서 진짜 목표를 들을 수 있었죠. 구글, 페이스북 등 미국의 IT 기업에서 일하는 게 오랜 꿈이었다고 하더라고요. 그래서 이렇게 말했어요.

"공부 계획 세우는 일은 잠깐 멈추고 네가 꿈꾸는 IT 기업이 즐비한 실리콘밸리에 인턴십 기회가 있는지 찾아보는 건 어때? 만약 없으면 네트워킹을 해서라도 기회를 만들어 봐. 그러고 나서 여름방학 때 거기서 인턴십 하는 걸 목표로 잡고 다시 계획을 세웠으면 좋겠어."

며칠 뒤 친구한테서 다시 전화가 왔어요.

"네 말 듣고 학교 커리어 사이트도 뒤져 보고, 실리콘밸리 잡 포스팅 사이트도 뒤져서 진짜 가고 싶은 데 하나를 찾았어!"

이어서 친구가 새로 짠 계획을 들어 보니 '토플 리딩 풀기'에서 '영문 테크미디어 구독하기'로, '단어장 암기하기'에서 'TED 시청하고 표현 정리하기'로 수정되었고, 면접 날짜를 디데이 삼아서 매달 해야 하는 것들이 단계적으로 계획되어 있었어요. 계획은 훨씬 빡빡해졌는데 수화기 너머로 들리는 목소리에서 느껴지는 그녀의 의지는 차원이 다르게 커져 있더라고요.

이것이 바로 목표가 구체적일 때 생기는 변화입니다.

구체적 목표가 생기면 그것을 이루기 위해 무엇을 해야 할지가 자연스럽게 떠오릅니다. 그리고 그 과정에서 읽기, 듣기, 말하기, 쓰기 실력도 자연스럽게 향상되고요.

처음부터 내 목표는
'중국 기업에 입사하기'

친구에게 그런 조언을 한 것은 제가 중국어를 공부할 때 딱 이렇게 해서 효과를 봤기 때문이에요. 목표를 구체적으로 잡고 시작한 덕분에 지치지 않고 빠른 시간 안에 죽기 살기로 덤벼 HSK 6급을 딸 수 있었죠. 목표를 실현하는 데 있어 중국어를 잘하는 것이 필수적인 수단임을 인식할 때 비로소 하고자 하는 의지가 마구 커집니다! 특히 우리는 이미 너무 바쁘기 때문에 중국어로 먹고 살 계획이 아닌 이상 중국어 공부는 영원히 우선순위에서 밀려나게 되겠죠. 그럴수록 구체적인 목표의 필요성이 더 커집니다. 본격적으로 중국어 공부를 시작하고 6개월 뒤 제가 이루고자 한 목표는 '중국 기업에서 일하기'였어요. 중국 기업에 입사하기에는 어림도 없는 중국어 실력이었지만, 인터넷을 뒤져가며 중국 스타트업을 기웃거렸던 것은 이런 목표를 세워놓았기 때문이죠. 덕분에 중국어를 공부하는 6개월 동안 단어 하나, 문장 하나를 외울 때마다 언제 어떻게 써먹을지 머릿속에 그려 보면서 신이 났어요.

드라마에서 "我不得不佩服你的能力啊(wǒ bù dé bù pèi fú nǐ de néng lì a, 너의 능력을 존경하지 않을 수 없다)"라는 표현을 보고 나중에 함께 일할 동료한테 "很好(hěn hǎo, 아주 좋아)"라고만 할 것이 아니라 이 표현을 쓰면 좋겠다고 생각해 노트에 적어놓았습니다. 그리고 단어 幸会(xìng huì, 만나뵙게 되어 반갑습니다)를 처음 접했을 때는 나중에 네트워킹 행사에 참석했을 때 "认识你很高兴(rèn shi nǐ hěn gāo xìng, 만나서 반갑습니다)"처럼 교과에 나올 법한 표현 대신에 이 단어를 쓰고 싶어 예문을 더 찾아보기도 했어요. 은행에서 차례를 기다리면서 뒤적거린 잡지에 나온 "祝你前程似锦(zhù nǐ qián chéng sì jǐn, 당신의 앞날이 창창하길 축복합니다)"이라는 문장은 업무 이메일의 마지막에 써넣으면 무척 고급스러울 것 같아서 스마트폰으로 찍어두었고요.

'HSK 몇 급을 따겠다'로는
안 된다

중국어를 공부하겠다고 결심했다면 그건 스펙을 쌓기 위한 게 아니라 정말 '필요'하기 때문이어야 합니다. 다시 말해 중국어를 배워 자신이 얻고자 하는 게 무엇인지 목표의식이 뚜렷해야 한다는 거죠.

공부가 잘 안 될 때마다 저는 인터넷으로 인턴십 공고를 뒤졌어요. 거기 '조건' 칸에 있는 '중국어 원어민 수준, 중국어 유창, 중국어 문서 제작 가능'이라는 한 줄이 다른 무엇보다 큰 동기부여가 되었던 것 같아요.

중국어 공부를 하는 동안 한 번도 질리거나 지치지 않았던 이유는 바로 제 중국어 공부가 HSK 급수를 따기 위한 게 아니라 제 미래를 위한, 제 목표를 이루기 위한 공부였기 때문이 아닐까 싶습니다. 어떤 공부든 일단 목표가 확실해지면 공부할 맛이 나잖아요!

"중국어를 공부하는 목적이 뭐예요?"라는 질문에 "다들 하니까… 나도 해야 할 것 같아서…"나 "중국어를 잘하고 싶어서"라고 대답해선 안 돼요. 'HSK 몇 급을 따겠다'는 것도 목표가 될 수는 없어요. 시험은 자신이 도달하고자 하는 목표를 이루기 위해 공부하는 데 있어 수단에 불과해요. 제가 중국어 공부 방법으로 강연할 때 참석한 사람들 가운데 반은 HSK 시험 고득점자예요. 그런데 왜 아직도 중국어 공부 때문에 고생하고 있는 걸까요? 그동안은 HSK 시험에 합격하는 것 자체를 목표로 세웠는데 이제 그걸 이루고 나자 '이게 내 목표는 아니었는데…'라는 생각이 든 거죠.

그런데 스타트업 창업자들과 직장인들 가운데 중국어를 배워서 자신이 얻고자 하는 게 무엇인지 목표가 뚜렷한 사람들은 제가 가장 먼저 물어보는 "왜 공부하세요?"라는 질문에 한 번도 "그냥…" "급수 따려고…"라고 말하지 않아요.

"저희 제품을 직접 소개하고 싶어요" "중국 시장에서 경쟁력을 키우려고요" "중국 팀까지 맡게 되어 팀원과 제대로 소통하고 싶어서요" 등 '공부'가 아닌 '성공'을 목표로 삼는 사람에겐 언제나 '확고한 목표'라는 무기가 있습니다.

07

직업에 따라
공부법을 다르게!

중국어를 쓰게 되는 환경이 어떠냐에 따라
듣기, 읽기, 쓰기, 말하기 가운데
'뭣이 중헌디'가 다르다.
어디에 얼마큼 집중할 것인지 정하고 시작하라.

만약 자신이 뭘 원하는지 모르겠다면, 이 질문을 스스로에게
던져 보는 건 어떨까요.

'내가 향후 중국어를 쓰고 있는 환경은 어떤 환경일까?'

딱 한 시간만 투자해 자신이 중국어를 가지고 어디에 어떻게
써먹을지 곰곰이 생각해 보세요. 안 그래도 바빠 죽겠는데, 시간
을 쪼개서 공부하는 거잖아요. 그러니 자기 목표에 최적화된 공
부 전략을 세워야 하고, 이후 중국어를 쓰게 될 환경에서 최대한

큰 목표를 작은 목표로 재구성하기

실력을 발휘할 수 있도록 공부해야 돼요.

　다시 말해 변호사를 꿈꾸며 로스쿨을 준비하는 대학생이 중국어 공부를 할 때와 중국 스타트업에 투자하는 벤처캐피털리스트를 꿈꾸는 직장인이 중국어 공부를 할 때의 구체적 방향성이 같으면 안 된다는 겁니다. 두 사람이 미래에 중국어를 활용하는 형태가 다르니까요.

　변호사를 꿈꾸며 로스쿨을 준비하는 사람이 중국어를 아무리 잘해도 재판에서 중국어로 변론할 수는 없습니다. 한국 변호사가 중국 법정에 설 수 없으니까요. 하지만 중국과 관련된 소송에서 중국 측 변호사와 이메일 등을 통해 소통할 수 있고, 주로 중국 쪽 판례를 참고하거나 인터넷으로 자료 수집을 하는 데 중국어를 사용하겠죠. 그렇다면 이런 사람은 어떤 방향성을 가지고 공부해야 할까요?

　우선 이 분야에서 가장 중요한 능력은 독해 능력일 거예요. 많은 양의 글을 속독해야 할 것이고, 어려운 단어도 많이 알아야 하겠죠. 반면 말하기 능력은 거의 필요가 없을 거예요. 쓰기 능력 또한 이메일을 보내는 정도의 간단한 수준만 되면 더 이상 불필요해요.

　따라서 HSK 시험공부를 할 때도 읽기 영역에 큰 비중을 두어야 하고, 시험공부를 통해 기본을 다진 뒤에는 문어체인 글을 속독하는 훈련을 해야 합니다.

벤처캐피털리스트에게는
듣기와 말하기가 먼저!

반면 중국 스타트업에 투자하는 벤처캐피털리스트를 꿈꾸는 직장인의 경우에는 어떨까요? 중국어를 언제 어떻게 쓸까 생각해 보죠. 중국 본토의 벤처캐피털리스트와 네트워킹을 빈번하게 가질 것이고, 중국 스타트업 생태계의 동향을 실시간으로 습득해야 할 겁니다. 그렇다면 이런 사람들은 어떻게 공부를 해야 할까요?

우선 읽기와 말하기 능력을 키우는 데 방점을 두어야 합니다. 스타트업 업계 특성상 매일 쏟아져 나오는 정보량이 많을 것이고 업계와 관련된 정보를 신속하게 습득하는 것이 꽤나 중요하므로 읽는 능력이 필요하겠죠. 그리고 수없이 많은 관계를 맺고 유지하기 위해서는 말도 잘해야 할 거고요. 하지만 듣기 실력을 키울 기회는 상대적으로 없을 거예요. 그러니 HSK 시험공부 과정에서는 향후 공부할 기회가 거의 없을 듣기 영역에 비중을 둬야 하겠죠. HSK 공부 이후에는 중국 정부 정책과 규제 공지를 원문 그대로 읽을 수 있을 정도의 단어량을 갖추기 위해 노력하고, 투자와 IT 업계에서 쓰는 용어를 습득하기 위해 그 분야의 전문 미디어를 구독하는 게 좋겠어요.

어때요? 제 이야기의 포인트가 보이나요? 장기적인 목표를 구체적으로 세우는 것이 중요한 이유는 개인마다 다른 목표에 따라 각기 다른 공부 방향이 결정되기 때문이에요. 단기적 목표야 너나 할 것 없이 HSK 시험 합격으로 딱 정해놓고 스파르타로 공부하면 돼요. 하지만 그 과정에서도 듣기, 읽기, 말하기, 쓰기 중 어떤 부분을 더 집중적으로 공부할지, 그게 끝나고 나면 추가적으로 어떤 계획을 세워 계속 공부할지, 시청각 자료는 뭘 보면서 공부할지 등의 디테일은 장기적 목표가 무엇이냐에 따라 달라지겠죠.

중국에서 창업하거나
컨설팅 회사에 다닌다면?

중국 직거래 시장을 겨냥한 뷰티스타트업을 창업하고 싶은 사람이라면? 중국 시장 진출에 있어 중국 기업과 파트너십을 맺고, 중국 소비 트렌드를 파악하기 위한 리서치 작업을 하고 사용자 경험을 제대로 파악하기 위해 중국 소비자와 빈번한 교류가 있을 거예요. 따라서 말을 잘하는 게 무엇보다도 중요하겠죠. 최근 트렌드와 기술에 활용되는 용어들을 시기적절하게 습득하고, 신조어도 따로 공부해야 해요. 중국 측 파트너와 활발하게 교류하려면 중국 드라마를 통해 대화에 쓰기 좋은 표현을 꾸준히 훈련하고 써먹는 연습도 필요하고요.

그럼 국내의 외국계 컨설팅 회사에 다니는 사람이라면 어떨까요? 아마 중국 시장을 겨냥하는 국내 기업을 위한 프로젝트나 중국 시장을 벤치마킹하기 위한 리서치 작업을 할 때 중국어가 필요할 거예요. 지금의 중국 시장은 어마어마해지고 있으니까요. 그럼 여기선 단연 읽기 능력이 최우선 순위겠죠. 광범위한 정보량을 빠르게 읽고 이해할 수 있도록 꾸준히 속독 연습을 해야 하고, 바이두를 비롯한 중국의 검색엔진을 사용하는 데 익숙해져야 해요. 단 중국어를 유창하게 구사할 필요성은 거의 전무할 테니 말하기와 쓰기 공부는 제쳐놓아도 되고요.

여러분은 어떤가요? 지금 종이를 꺼낸 뒤 자신이 중국어를 어떤 곳에서 쓰게 될지 간략하게 적어 보세요. 그런 다음 '그래서 뭐가 중요한데?' '이후 난 어떤 계획을 세워야 하지?' 등 두 가지 질문만 던져 보세요!

공부의 방향성을 결정하기 위한
세 가지 질문

중국어 공부에 100시간을 투자할 수 있다면 어디에 방점을 찍고, 무엇을 공부하는 데 몇 시간을 투자하겠다는 계획이 그려지나요?

중국어 공부를 하는 목표가 무엇인지에 대해 고민해 본 적이 없다면, 아직 중국어 공부의 목표를 세우기 전이라면 다음 질문 세 가지에 집중해 주세요.

1. 앞으로 어떤 환경에서, 어떤 일에 중국어를 활용하고 싶은가?
2. 자신의 환경에서는 읽기, 듣기, 말하기, 쓰기 가운데 어떤 능력이 가장 중요한가?
3. 하는 일의 특성상 추가적 노력을 통해 필살기로 삼을 만한 것이 있는가?

준비물은 종이 한 장과 아메리카노 한 잔! 앞으로 자신이 중국어를 쓰게 될 환경을 떠올려 보고, 그 일을 잘하기 위해 가장 필요한 역량이 뭔지 정하는 거죠.

이처럼 자기만의 상황에 맞는 방향과 공부 전략을 정리해야 가장 짧은 시간 안에 계획한 목표치에 도달할 수 있습니다. 딱 한 시간만 투자해 보세요! 잘만 한다면 며칠이 아니라 몇 달의 시간을 절약할 수도 있습니다.

08

'When'을 결정하는
세 가지 원칙

중국어 공부에도 KPI가 필요하다.

목표가 명확해지면 '이걸 가지고 공부해야지' '이렇게 공부해야겠어'라는 생각이 속속 떠오를 겁니다. '무엇을What' '어떻게How' 공부할지에 대한 답을 찾은 거죠.

하지만 이 책에서 제 목표는 여러분이 '당장 중국어 공부를 시작할 수 있는 상태'가 되도록 만드는 거예요. 따라서 '무엇을' '어떻게'만으로는 부족한 감이 있습니다. 얼마나 자주, 얼마만큼의 기간 동안, 즉 '언제까지When'에 대한 것도 확실히 해야 합니다.

자신이 짠 계획이 맞는 건지 도무지 모를 때가 있죠? 그때는 '원칙'이 있다면 훨씬 수월합니다. 제가 이 'When'을 설정할 때 꼭 지켜야 할 세 가지 원칙을 살짝 알려드릴게요.

원칙1 3개월 단위로
계획 세우기

새해가 되면 한 해 계획을 세울 때 '올해 안에 ○○공부하기'가 빠지지 않고 등장합니다. 하지만 그렇게 '1년'을 기준으로 잡으면 아마 99%는 내년 새해 계획에도 똑같은 문장을 그대로 복사해서 붙이게 될 거예요.

사실 공부할 때 1년은 생각보다 참 긴 시간입니다. 당장 몇 달 뒤에 해외 파견 결정이 날 수도 있고, 인턴십을 시작하게 될 수도 있어요. 이런 유동적 스케줄에 바로바로 적응하고 기회를 잡으려면 중국어 공부 계획(목표)의 기간 단위가 더욱 짧아져야 합니다.

지금부터 자신만의 공부 계획을 세우는 방법을 구체적으로 설명해 볼게요.

먼저 1년 안에 잘하는 수준까지 향상시키겠다는 생각은 버려야 합니다. 그리고 3개월 단위, 1개월 단위, 1주일 단위의 공부 목표를 세워 보세요.

종이를 꺼내 긴 줄을 쫙 긋고 삼등분한 뒤 1, 2, 3을 씁니다. 그런 다음 3개월 뒤에 자신이 중국어를 얼마큼 하면 좋을지를 상상해 보세요. 그리고 그것을 3 아래쪽에 적는 거예요. 3개월 뒤 자신이 그 수준이 되려면 2개월째에는 적어도 어느 정도까지 해야 한다는 게 대충 가늠이 될 겁니다. 그것을 2 아래쪽에 씁니다.

월요일이 네 번 정도 지나고 나서 중국어 실력이 어느 정도 향상되었으면 좋을지 생각해 보고 그걸 1 아래에 적어 보세요. 이것으로 끝이 아닙니다. 이제 한 달을 4등분하고 각 주마다 어떤 공부를 할 건지 씁니다. 한 달이면 일주일이 네 번, 석 달이니 총 12개를 적게 되는 겁니다. 시간이 좀 걸리고 머리도 지끈지끈할 겁니다. 부담도 확 느껴질 거고요. 그런데 이렇게 해놓은 뒤 시작해야 새해 목표로 적은 '올해 안에 중국어 공부하기'가 무색해지지 않을 거예요. 제가 HSK 5급을 따기 위해 세운 3개월 실전 계획은 부록에서 공유합니다.

1		2		3	
1개월 뒤 나의 모습?		**2개월 뒤 나의 모습?**		**3개월 뒤 나의 모습?**	
첫 달	첫째 주	둘째 달		셋째 달	
	둘째 주				
	셋째 주				
	넷째 주				

원칙2 짧게 지속적으로

시간을 투자하라

토요일과 일요일 2시간씩 240분을 투자하지 말고 월화수목금 30분씩 150분을 투자하세요. 다시 말해 '몰아쳐서' 하지 말고 매일 '조금씩' 시간을 투자해야 효율이 높아집니다.

	월	화	수	목	금	토	일	시간 총합	효과
옵션1						2시간	2시간	240분	낮음
옵션2	30분	30분	30분	30분	30분	복습	복습	150분	높음

여기에는 이유가 있습니다. 우리가 공부하고자 하는 것이 '언어'이기 때문입니다. 만약 수학이나 국어처럼 '미친 집중력'을 요하는 공부이거나 무언가를 구상하고 상상해야 할 필요가 있는 일이라면 한 번에 몇 시간을 쏟아부을 겁니다. 반면 언어라는 건 '반복'이 핵심 중의 핵심입니다. 암기에서도 반복이 생명이고, 활용에서도 반복하는 것보다 더 효과적인 것은 없습니다.

주말 동안 '몰빵'으로 단어 100개를 암기했는데 평일에 한 번도 쳐다보지 않는다면 다음 주말 똑같은 100개의 단어를 재탕해야 할 수도 있어요. 그보다 매일 새로운 단어 20개를 암기하면서 전날 공부한 20개 단어를 슬쩍 들여다보는 30분이 낫다는 거죠.

원칙3 올빼미형?!
그러나 아침 시간은 잡아야 한다

밤에 공부가 잘된다는 사람이 참 많죠. 저도 그렇습니다. 밤새는 걸 가장 잘하는 올빼미형입니다. 그런데 그건 시험이라는 강한 압박 장치가 있기에 가능했던 거예요. 당장 우선순위가 시험을 잘 보는 거니까 밤이든 새벽이든 책상에서 엉덩이를 떼지 않을 수 있었던 거죠. 하지만 우리 일상생활에서 중국어 공부가 최우선순위에 들기는 참 어렵습니다. 인생에는 다른 중요한 게 너무나 많기 때문이죠. 생각해 보면 평상시 공부는 미팅, 약속, 야근, 중간고사, 기말고사 준비 등 많은 일에 언제나 밀렸던 것 같습니다.

이런 현실에서 중국어 공부를 지속할 수 있는 유일한 방법은 무엇일까요? 바로 '무언가 발생하는 상황'에서 아예 멀어지는 겁니다. 그래서 '갑자기 더 중요한 무언가가 생기기 어려운' 아침, 새벽 시간으로 공부 계획을 잡는 거죠. 따라서 여러분의 계획표에 있어야 하는 건 '퇴근 후 집에서 한 시간 공부하기'가 아니라 '30분 일찍 일어나서, 30분 일찍 회사에 도착하고, 동료들이 출근하기 전 30분간 공부하기'입니다.

회사에서 언제까지, 얼마큼 성과를 내는지 수치화하는 걸 KPI

라고 합니다. 중국어 공부에도 KPI가 필요합니다. 그 KPI를 결정할 때 3개월, 1개월, 일주일 단위로 나눠 적어 보세요. 이 책의 마지막 페이지를 넘기는 순간 머릿속에 무엇을What, 언제까지When, 어떤 방식How으로 공부할지에 대한 보다 구체적인 공부 계획이 그려질 거예요!

09

알리바바에서 보스턴컨설팅그룹,
그리고 상하이 테크노드까지

구체적인 '살아 있는' 계획을 세우자.
왜? 재미와 효과,
두 마리의 토끼를 잡아야 하니까.

알리바바에서 인턴십을 끝내고 난 뒤 보스턴컨설팅그룹의 리서치 어시스턴트RA, Research Assistant로 일하게 되었습니다. 중국 시장을 조사해 벤치마킹하는 것이 꼭 필요한 프로젝트여서 중국어를 할 줄 알고 그 시장을 이해하는 사람이 필요했던 거죠. 사실 당시는 알리바바에서 실무를 배우고 난 뒤라 좀 더 거시적으로 시장 전체를 분석해 보고 싶다는 갈망이 점점 커지고 있었기 때문에 좋은 기회라고 생각했습니다.

공부법도 그때그때
유연하게!

알리바바와 보스턴컨설팅그룹의 업무는 예상대로 아주 달랐습니다. 알리바바에서는 하루에 두 차례 이상 회의에 참석했고, 중국인 동료들과의 소통이 업무의 절반 이상을 차지했죠. 반면 보스턴컨설팅그룹에서는 특정 기술 분야의 중국 리딩 leading 기업과 스타트업 발굴, 한국과 미국과 중국 시장에서 비슷한 서비스를 제공하는 스타트업 비교 분석, 중국 주요 모바일 앱에서 벤치마킹할 기능점수function point를 분석하는 것이 주요 업무였습니다.

이렇게 하는 일이 다르다 보니 퇴근 이후의 시간을 활용하는 것도 확 달라졌죠. 알리바바에서는 퇴근 후 밤마다 중국 드라마를 보면서 듣기 감각을 일깨우고 말하기 실력을 키우는 데 두세 시간씩 투자했는데, 보스턴컨설팅그룹에 있을 때는 리포트와 신문기사, 논문 등을 통해 광범위한 정보를 빠르게 파악하기 위해 속독 연습을 하는 데 많은 시간을 투자했어요.

보스턴컨설팅그룹에서는 매일 리서치하면서 쌓이는 게 많아질수록 데이터베이스는 커졌지만, 아무래도 인터넷상의 정보만 갖고는 거기서 인사이트를 끄집어내는 데 한계가 있었어요. 그래서 아쉬움도 점점 커져 갔고요. 역시 현장에서 직접 눈으로 보고 중국 사람과 교류하면서 실질적인 경험을 통해 부딪쳐 봐야 "진짜 안다"라고 말할 수 있을 것 같았습니다. 그때 중국 시장에서 활약하는 국내외 스타트업에 잠시나마 들어가 바닥부터 경험해 보고 싶다는 생각을 갖게 되었죠!

이런 생각으로 지원한 곳 중 하나가 중국의 유력 스타트업 미디어인 테크노드였어요. 알리바바에서 운영 실무를 경험했고, 보스턴컨설팅그룹에서 리서치 업무를 해봤으니, 이제는 IT 업계의 구석구석을 빠른 시간에 체험하고 중국 스타트업 업계의 큰 그림을 그릴 수 있는 포지션이 필요했던 거죠. 저널리스트 포지션은 정보접근성이 좋고, 여러 분야의 사람을 만날 수 있으며, 자신만의 시각을 덧붙여 글을 써야 하므로 가장 적격이라고 생각했어요.

테크노드 기자의 이메일을 알아내서 제가 어떤 사람인지, 그동안 어떤 일을 경험해 왔고, 그곳에서 왜 일을 배우고 싶은지 등을 자세하게 적은 자기소개서와 중국 테크 시장에서 찾은 것을 소재로 기사 3편을 써서 보냈습니다. 그러고 나서 테크노드의 대표, 편집장과의 인터뷰를 거쳐 테크노드에 합류하게 되었어요.

목표에 최적화된
'살아 있는' 공부 계획

상하이에서 기자 생활을 통해 중국 스타트업 업계의 소식을 빠르게 흡수하는 훈련을 했고, 중국의 스타트업 창업자들을 만나 다양한 인사이트를 얻을 수 있었습니다. 그러면서 서서히 중국 스타트업 테크 업계에 발을 담그게 되었죠.

처음에 중국어 공부를 시작했을 때 제 꿈은 단순히 중국 기업에서 인턴을 하는 것이었어요. 그래서 그것에 맞춰 중국어 공부 계획을 세웠죠. 하지만 지금은 그게 많이 구체화되어 중국 IT, 테크, 스타트업의 최고 기업에서 일하고 싶다는 꿈이 생겼습니다. 그리고 제 중국어 공부에서의 목표와 계획도 이 꿈을 실현할 수 있는 방향으로 많이 수정되었고요.

앞에서 제가 중국어를 활용하게 될 환경을 떠올려 보며 직업의 특성을 파악하고 이에 따라 어떤 중국어 능력이 필요한지, 그렇다면 어떤 계획을 세워야 하는지 고민하는 과정을 설명했죠? 지금부터는 제가 이 과정을 다시 하게 되면서 새롭게 만든 전략을 공유하고자 합니다. 제가 일하는 테크 업계의 특성을 중심으로 정리한 것이니, 이것을 보고 각자 자신의 상황에 맞는 계획을 세워 보기 바랍니다.

하루에도 엄청난 양의 소식이 업데이트 된다.

1) 그래서?
소식을 가장 빠르게 접할 수 있도록 중국 매체를 보는 습관을 들여야 한다. 다량의 정보를 그때그때 흡수하려면 속독을 해야 한다.

2) 나의 계획은?
테크 동향을 전달하는 중국 테크미디어를 정하고huxiu.com, 매일 올라오는 소식(약 10개)을 모두 읽고 표현을 정리한다. 매일 그날의 시사 이슈를 정리하는 어플 '今日头条 jīnrìtóutiáo'를 깔아 모바일로 바로 확인하는 습관을 들인다.

중국인의 소비 트렌드를 파악하는 것이 중요하다.

1) 그래서?
웨이보 등 소셜 매체로 사람들의 실시간 반응을 파악한다.

2) 나의 계획은?
신조어를 꾸준히 공부하고, 중국 친구들과 만났을 때 최신 유행어나 트렌드를 꼭 물어본다.

테크 기업에서는 보고서보다 말로 의견을 전달한다.

1) 그래서?
테크 업계에서 쓰는 전문용어를 자유롭게 구사할 수 있어야 한다. 언제 어디서든지 자신의 의견을 펼칠 수 있어야 한다.

2) 나의 계획은?
지금까지 만들어놓은 회화 표현 데이터베이스를 한 달 기준으로 나눠 복습하는 계획을 세운다. 그날 읽은 테크 뉴스를 바탕으로 용어와 표현을 직접 사용해 보고 전화 중국어 시간에 말로 설명한다. 드라마 말고 창업자 인터뷰 프로그램인 〈创业分子chuàngyèfēnzǐ〉를 매주 한 편씩 보며 표현을 정리한다.

다시 말하지만, 자신의 목표에 최적화된 공부 계획을 세우는 것이 가장 중요해요. 목표가 조금씩 바뀌고 구체화되면서 공부 계획도 조금씩 다듬어지고, 그에 따라 방점을 다른 곳에 찍어야 할 수도 있죠. 쓰임새가 달라지고 최우선 역량이 달라졌는데 계속 같은 방식으로 공부한다면 재미와 효과 두 마리의 토끼를 모두 놓치게 됩니다. 저 역시 해를 거듭할수록 목표가 구체화되거나 조금씩 바뀔 거예요. 그리고 제 중국어 공부를 위한 계획도 여기에 맞춰 계속 변화를 거듭하겠죠! 지금부터 '살아 있는' 계획을 세워 보기를 바랍니다.

10

내 것으로 만드는
완벽한 공부법

새로운 무언가를 학습하는 과정에서
더 효과적이고 효율적으로
목표를 이룰 수 있는
나만의 기준을 만든다는 것!

중국어 공부에 몰입했던 6개월과 그 후 알리바바에서의 인턴
십을 비롯해 중국 현지에서 고군분투했던 6개월. 이 1년이라는
시간이 제게 남긴 건 비단 중국어 실력만은 아닌 것 같아요. 새
로운 무언가를 학습하는 과정을 어떻게 하면 더 효과적이고 효율
적으로 할 수 있는지, 그리고 자신의 목표에 맞게 해낼 수 있는
지에 대한 하나의 기준을 제시해준 시간이었죠.

하루가 다르게 산업이 진보하고, 소설 속에서만 상상했던 기
술들이 현실에서 구체화되는 시대에 사는 우리에게 '무언가를 학
습하는 능력'은 무척 중요해요. 그래서 '평생학습'이라는 말도 나

온 거잖아요. 어차피 이후에도 계속 새로운 영역을 탐험해야 할 테니 지금 새로운 무언가를 자기 것으로 만드는 공부법을 정리해 놓으면 좋겠다는 생각이 들었어요. 그래서 만든 것이 바로 6단계 학습 과정이예요.

어떤 공부라도 OK!
철저한 마스터를 위한 6단계

1단계는 이걸 공부하는 목적이 무엇인지, 어느 시점까지 어떤 모습이 되고 싶은지를 아주 구체적으로 구상하는 겁니다.

2단계는 일정 기간 아예 시간을 빼서 이 공부에만 올인해 보는 것입니다. 몇 주든 며칠이든 오로지 이 공부의 가장 기초적인 것들을 한꺼번에 '몰입하여' 훑을 수 있는 시간을 마련하는 거죠. 전문가에게 오프라인 수업을 듣는 것도 이 시기에 하는 게 가장 좋습니다. (물론 독학은 항상 병행하는 걸로!) 그러면서 '문법' 역할을 해줄 베이스를 잘 닦아야 해요. 여기서 핵심은 이 분야의 근간을 이루는 근본 원리가 무엇인지 고민하는 거죠. 몰입의 시간이 지나고 나서 그 분야를 관통하는 키워드 몇 가지를 자신 있게 제시할 수 있을 정도가 되는 게 이상적입니다.

3단계는 그 분야의 공부가 자신의 일상에 온전히 스며들도록 전략적으로 계획을 짜는 겁니다. 몰입이 필요한 2단계에 일주일 정도를 할당했다면 3단계에는 한두 달을 투자합니다. 대신에 매일매일 조금씩이라도 이 공부를 손에서 놓지 않아야 해요. 이 분야에 대한 지식을 차곡차곡 쌓아나가는 거죠.

4단계, 어느 정도 지식이 머릿속에 쌓이고 나면 자신의 수준을 훨씬 뛰어넘는 수준의 공부에 도전해 봅니다. 자기 스스로를 챌린징하는 것이 핵심이니 다 알아듣거나, 이해하거나, 당장 해볼 수 없더라도 괜찮습니다. 일단 빨리감기를 해서 다다음 단계에서나 할 법한 공부를 미리 당겨와 도전해 보는 겁니다. 이 공부를 잘하기 위해선 아마 배의 노력이 들 거예요. 하지만 그 노력을 하는 두 달의 시간이 자기 수준에 맞는 공부를 1년 하는 것 보다 실력을 더 업그레이드시켜 줄 수 있습니다. 만약 정말 못하겠으면 그때 가서 포기해도 늦지 않아요.

그리고 5단계, 이제 공부에 '재료'가 되는 요소들을 다각화시킬 시간입니다. 교과서만으로 공부했다면, 인터넷 강의로만 공부했다면 그건 잠시 옆에 놓아두고 새로운 공부 자료들을 검색해 보는 거죠. 가장 대표적인 건 유튜브에 업로드 되어 있는 무수히 많은 자료와 MOOC(오픈 소스 강의)를 통해 듣는 미국 아이비리그 대학의 수업입니다.

마지막으로 6단계, 실전에 투입되는 것입니다. 앞선 공부로 얻은 기술과 능력을 발휘할 수 있는 실전 현장에 뛰어드는 거죠. 인턴십이어도 좋고, 프로젝트여도 좋습니다. 여기서 중요한 건 '아직 도전해 볼 실력이 아닌데…'라는 마음속의 우려를 떨어내고 도전해 보는 거죠!

덧붙이면, 요즘 이 과정을 새로운 공부를 하는 데 적용하고 있어요. 바로 컴퓨터 언어 중 하나인 파이썬Python이에요. 즉 코딩이죠. 파이썬 다음으로 다시 새로운 걸 배우게 된다면 이 6단계를 되짚어 보고 목표와 계획을 짜야 하겠죠?

6단계 학습법 정리

1단계 공부하는 목적과 어떤 모습의 자신이 되고 싶은지 구체적으로 구상하기

2단계 기간을 정한 뒤 그 시간만큼 공부에 올인하기

3단계 공부를 생활화하기 위해 전략적으로 계획 짜기

4단계 어느 정도 지식을 갖췄다는 생각이 들면 그 수준을 뛰어넘는 공부에 도전하기

5단계 공부의 '재료'가 되는 요소를 다각화하기

6단계 실전에 투입하기

3장

중국어가
이렇게
쉬웠다니!

기초를 빠르게 떼주는
'스킵 – 스킵' 공부법

칭찬 받을 수 있는 것부터
시작하자

고등학생 때 수능 공부를 하던 기억이 나나요? 국어, 수학, 영어, 사회탐구 과목 서너 개 등 10개가 훌쩍 넘는 과목을 다 공부해야 했죠. 저는 공부하려고 책상 앞에 앉으면 오늘은 무슨 과목부터 시작할까 고민하는 데 30분, 중간에 '아, 그냥 이거 먼저 해야겠다'라고 공부할 과목을 바꾸면서 시간을 허비하곤 했어요. 그 시간에 그냥 한 과목 딱 잡고 책을 펼쳤어야 했는데, 마치 공부 효과를 높이는 공부 순서가 정해져 있는 것처럼 그걸 찾으려고 애를 썼죠.

외국어를 처음 시작할 때도 비슷한 경험을 하는 것 같아요. 참 오랜만에 새로운 걸 공부하려니 의지는 마구 샘솟지만, '독해를 해야 할까? 듣기가 더 중요한가? 작문은? 멋진 글도 좀 써야 하는데…. 아, 근데 문법이 기초잖아. 그럼 문법부터?' 등등 어디서부터 시작해야 할지 감이 안 잡히죠. 물론 중국어를 공부할 때 읽기, 듣기, 쓰기, 말하기 연습을 동시에 진행한다면 그보다 더 좋을 순 없을 겁니다. 하지만 장담컨대 그걸 다 하려고 하면 계획은 비대해지고 실천은 불투명해질 거예요.

 이미 바쁜 몸이 되어버린 대학생, 직장인이기에 최고보다는 최선이 무엇인지 생각해 보아야 합니다. 여기서 필요한 건 '선택과 집중'이에요!

칭찬 받을 수 있는 것부터!

그렇다면 어떤 걸 우선순위에 두는 게 좋을까요?

> **말하기 = 듣기 > 쓰기 > 독해**

 중국어 읽기 실력이든 쓰기 실력이든 모두 '실력'입니다. 하지만 중요한 건 그 효과가 '가시적'으로 나타나느냐 하는 거죠. 한 마디로 뽐낼 수 있고 바로바로 피드백을 받을 수 있는 효과를 갈구해야 한다는 겁니다.

 당장 다음 주에 중국 파트너사와 미팅이 잡혀 있다고 합시다. 잘하든 못하든 미팅을 끌어 나가고, 하다못해 상대방에게 중국어로 농담 한 마디라도 던질 수 있다면 어떨까요? 미팅에 함께 참석한 상사와 동료들의 시선부터 확 달라질 겁니다. "오~. 저 친구, 중국어 좀 하는군!"이라는 칭찬 정도는 들을 수 있을 거예요.

또한 상대방이 뭐라고 하는지 알아듣고, 거기에 직접 답을 해줄 수 있는 것 자체의 희열은 자연스레 '중국어 생각보다 재밌는데!' '나 중국어 은근 잘하는 듯!'과 같은 근거 '있는' 자신감을 심어줍니다. 이런 느낌은 우리가 2개월 공부하고 포기할 법한 중국어 공부를 반 년, 1년 또는 그 이상으로 지속시켜 주는 동기가 됩니다.

앞서 말했다시피 어떤 목표를 갖고 중국어 공부를 하는지에 따라서 어느 과목을 우선시할 것인지가 달라질 수 있습니다. 하지만 자신만의 순서가 뚜렷하게 그려지지 않는다면, 말하기와 듣기를 먼저 꽉 잡고 중국어 공부의 출발선을 끊어주면 어떨까요? 독해, 문법, 작문 실력은 그 뒤에 천천히 쌓아나가도 늦지 않으니 조급해할 필요가 없어요!

중국인도 모르는 성조,
외울 필요 없다!

중국인은 어려서부터 단어의 발음을
입으로 계속 중얼거리며 연습할 뿐
성조를 따로 외우지 않는다.

제 중국어 공부에 아주 큰 도움을 준 고마운 중국인 친구가 있습니다. 그녀의 이름은 첸Chen입니다. 자신과 나눈 몇 마디의 대화 덕분에 제 중국어 공부 시간을 엄청나게 절약했다고 말하면 그녀는 어이없어 하면서 웃을지도 모르겠네요. 첸이 구제해준 건 바로 성조입니다.

먼저 성조가 무엇인지부터 말할게요. 성조는 중국어 발음의 높낮이를 일컫습니다. 쉽게 말해서 중국어 단어의 병음은 발음을 정하는 알파벳 부분이고, 성조는 어떻게 발음할지를 결정하는 그 알파벳 위에 붙어 있는 작은 기호입니다. 병음이 같아도 성조가 다르면 완전히 다른 단어가 되기 때문에 성조는 중국어를 어렵게 만드는 주범이기도 하죠.

어느 날 학교 앞 카페에서 함께 공부하다가 중국어 면접을 준비하고 있던 제가 물었습니다.

"첸, 硕士(shuò shi, 석사)라는 단어 있지. 앞에는 4성인데 뒤의 한자는 몇 성이야? 갑자기 기억이 안 나서…."

그런데 첸이 한참 뜸을 들이는 거예요. "흠, 글쎄… 잠시만…" 이라고 하면서 硕士라는 단어를 몇 번 발음해 보더라고요. 한참을 머뭇거리고 나서야 "아마… 4성일걸?" 이러는 겁니다.

대수롭지 않게 느꼈을 수도 있겠지만, 저한텐 그녀의 이 대답이 너무나 충격이었습니다.

'아니, 첸은 중국인인데 왜 몇 성인지 바로 대답하지 못하는 거지? 분명히 硕士이라는 기본적인 단어를 모를 리가 없을 텐데… 혹시 성조를 잘 모르는 게 아닐까?'라는 의문이 들었어요.

성조는 외우는 게 아니라
익히는 것

의아해하는 제 표정을 보고 첸이 다시 되물었어요.

"왜? 뭐가 이상해?"

"아니, 다만 硕士의 성조가 몇 성인지 바로 안 나오는 게 좀 이상해서 말이야. 혹시 너희는 중국어를 처음 배울 때 성조를 따로 공부하지 않는 거야?"

"흠… 물론 가장 처음에는 교재에 써 있긴 했을 거야. 그런데 우린 각 단어의 발음 그 자체를 계속 연습해."

그래서 기억을 떠올려 봤더니, 단어를 외우다가 성조가 생각나지 않아 중국인 친구에게 물으면 대답이 한 번에 나온 적이 거의 없고, 오히려 왜 그런 걸 묻는지 의아해하는 눈치였어요.

그제야 깨달았습니다.

'아, 중국인은 중국어를 배울 때 성조가 몇 성인지를 공부하는 게 아니라 그냥 발음 그 자체를 소리내어 말하면서 익히는구나!'

예를 들어 단어장에 '변론하다, 논쟁하다, 토론하다'라고 적혀 있는 辩论을 암기한다고 할 때, 누군가가 辩论의 발음을 물었다고 해보죠. 그 순간 여러분의 머릿속에 biàn lùn과 4성이 떠오르는 게 아니라 '삐엔룬'이라는 음성이 떠올라야 하는 거죠.

그런데 저는 중국어 단어 하나하나마다 1, 2, 3, 4성 중 하나를 매칭하고 달달 암기해 온 겁니다. '성조를 위한 성조 공부'를 한 거죠.

猎人跟着熊留下的脚印追了过去。
4 2　 2 　　 3 4

사냥꾼은 곰이 남겨놓은 발자취를 쫓아갔다.

躲哪儿追哪儿，一定得要抓他。
3 　　　　 2 4　 1

어디까지라도 쫓아가서 반드시 그를 붙잡아야 한다.

이런 식으로 중국어 문장의 글자 아래 1, 2, 3, 4를 써서 암기했고, 중국어 학원에서 선생님이 "○○은 몇 성이죠?"라고 묻고 제가 "3성이요"라고 대답하던 게 얼마나 잘못된 것이었는지 뼈저리게 느꼈어요. "한번 발음해 볼래요?"라고 물었어야 맞는 건데 말이에요. 이걸 깨닫고 나니 지금까지 성조를 따지느라 낭비한 시간이 아깝더라고요. 그때부터는 쳐다보지도 않던 참고서 녹음테이프를 꺼내서 파일을 스마트폰에 저장해놓고 계속 들었어요. 발음 자체를 머릿속에 남기기 위해서요.

중국어로 쌀라쌀라
말하기 위한 3단계 전략

한자 단어의 발음을 계속 반복하여
머릿속에 각인시킨 후 고민하지 않고
자동적으로 입 밖으로 나오게 만든다.

혹시 중국어 단어를 외울 때 과거의 저처럼 성조를 1, 2, 3, 4…
이러면서 단순 암기하고 있었나요? 그렇다면 이제 중국어 단어
를 공부하는 방법이 바뀔 시간입니다.

하지만 발음을 있는 그대로 익히기 위해 어떻게 공부해야 하는
지에 대해서는 아직 모호하죠. 걱정하지 마세요. 제가 구체적으
로 어떻게 해야 '익히는' 공부가 가능한지 설명할 테니 이대로 죽
따라오면 됩니다.

Step 1 듣기:
단어장을 펼쳐두고 녹음 파일을 듣는다

발음을 '익히기' 위해서는 먼저 '가장 정확한 발음'을 들어야 합니다. 가장 정확한 발음은 당연히 중국인이 직접 발음하는 것이겠지요. 우리가 단어의 원어민 발음을 들을 수 있는 가장 편리한 방법은 단어장에 딸려오는 녹음 파일입니다. 저는 시중에서 파는 단어장의 단어 리스트대로 암기하는 것에 무척 반대하지만, 그래도 발음 공부에 있어서는 여기서 주는 녹음 파일이 요긴하게 쓰입니다.

단어장의 분류 기준이 DAY라고 했을 때, DAY 하나별로 녹음 파일이 있을 겁니다. 그럼 그 DAY를 눈앞에 펼쳐둔 상태로 보면서 녹음을 듣습니다. 여기서 우리가 원하는 것은 그 특정 단어가 어떻게 발음되는지를 머릿속에 저장해놓는 겁니다. 즉 辩论이라고 생긴 요놈이 '삐엔룬'이라고 발음된다는 것을 처음으로 알게 되는 거죠.

• **소요 시간 15분**: DAY 녹음 파일당 3분 X 5번 정도 반복 청취

• **목표**: 辩论를 보자마자 '삐엔룬'이 떠오른다.

Step 2 연상하기(매칭하기):
단어장을 덮어두고 녹음 파일을 듣는다

1단계에서 단어장을 펴놓고 눈으로 보면서 녹음을 들었다면 2단계에서는 단어장을 덮은 상태로 녹음을 듣습니다. 어느 정도 발음을 익힌 뒤에는 발음만으로 단어를 식별할 수 있는지 검증해야 합니다. 예를 들면 중국 라디오를 듣다가 '삐엔룬'이라는 발음이 나온 건 캐치했는데, 그게 어떤 단어였는지 기억이 안 나면 안 되는 겁니다. 머릿속에서 한자와 발음을 계속해서 매칭시키는 훈련을 하는 거죠.

- **소요 시간 9분**: DAY 녹음 파일당 3분 × 3번 정도 반복 청취
- **목표**: '삐엔룬'을 듣자마자 머릿속에 辩论이 떠오른다.

  (즉각 떠오르지 않을 때는 그 단어를 체크한 뒤 다시 1단계로 돌아갑니다.)

Step 3 말하기:
말하고 싶은 단어를 내뱉는다

이제 발음도 익혔고 단어와 발음을 매칭했으니 그걸 말해볼 차례입니다. 단어를 소리내어 실제로 발음해 봐야 합니다. 중국어 신문을 읽으면서 辩论을 보자마자 머릿속에 '삐엔룬'이라는

발음이 떠올랐고, 중국어 라디오에서 '삐엔룬'이 나오자마자 辯論이 머릿속에 떠오르긴 했지만 그걸 가지고 친구에게 설명해주려고 할 때 입 밖으로 '삐엔룬'이라는 음성이 나오지 않는다면? 너무 허탈할 거예요. 녹음 파일을 다시 틀어놓고, 원어민의 발음을 따라해 보는 겁니다.

- **소요 시간 12분**: DAY 녹음 파일당 3분 X 4번 정도 반복해 말하기
- **목표**: '변론하다'라는 뜻을 말하고 싶을 때 입 밖으로 '삐엔룬'이 튀어나온다.

복잡해 보이지만, 한 번만 직접 해보면 너무나 간단하다는 걸 느낄 거예요. 하지만 그 한 번이 어렵죠. 지금 바로 단어장의 녹음 파일을 스마트폰으로 옮겨놓으세요! 이것이 첫 스텝입니다. 이것만 하면 이미 반은 성공한 거예요.

'완벽'에 대한 욕심 대신
먼저 자신감을 장착할 것!

"기죽지 말고 네가 하고 싶은 말을 하면 돼.
그럼 상대방이 알아서 들을 거야.
자신감이 더 중요해, 알았지?"

베이징에서 어학연수를 할 때의 일이에요. 하루는 같은 반 친구들끼리 배달 음식을 시켜 먹기로 했어요. 중국에서 전화로 음식 배달을 시키는 게 처음이라서 약간 긴장이 되더군요.

"你好。这里能送外卖吗?"
nǐ hǎo. zhè lǐ néng sòng wài mài ma?

안녕하세요. 거기 배달되나요?

저는 이렇게 한 마디밖에 안 했는데 식당 사장님이 갑자기 엄청나게 말을 많이 하는 거예요. 그것도 아주 빠르게. 그때만 해도 중국어 듣기가 꽤 된다고 생각했는데, 어쩌면 그리 한 마디도 안 들리나 싶더라고요. 그래서 저도 모르게 겁이 나 전화를 끊어버리고 말았어요.

'어쩌지, 밥을 포기해야 하나….'

그때 어쩔 줄 몰라 하는 제 모습이 불쌍했는지 알고 지내는 선배가 우리 쪽으로 와서 자기가 대신 주문을 해주겠다는 거예요. 그리고 뭐 먹을 거냐고 물어보더니 바로 식당 전화번호를 누르고 이렇게 말했어요.

"你好。我要两份米线，还有两份炒饭。"
nǐ hǎo. wǒ yào liǎng fèn mǐ xiàn, hái yǒu liǎng fèn chǎo fàn.
안녕하세요. 미씨엔 2인분이랑 볶음밥 2인분 가져다주세요.

"(초고속으로) @#$%&+."

"嗯。我要两份米线，还有两份炒饭。"
èng. wǒ yào liǎng fèn mǐ xiàn, hái yǒu liǎng fèn chǎo fàn.
네. 미씨엔 2인분이랑 볶음밥 2인분 가져다주세요.

"@#$%&+."

"两份米线，还有两份炒饭。"
liǎng fèn mǐ xiàn, hái yǒu liǎng fèn chǎo fàn.
미씨엔 2인분이랑 볶음밥 2인분이요.

그쪽에서 또다시 초고속으로 뭐라고 하는 것 같더니 갑자기

"Okay"라고 하는 거예요. 그러고는 외국인인 걸 알아차렸는지 아주 짧게 한 마디를 던지더라고요.

"地址呢?"
dì zhǐ ne?
주소는?

"青年政治学院 留学生宿舍 202号。"
qīng nián zhèng zhì xué yuàn liú xué shēng sù shè 202 hào.
청년정치대학교 유학생 기숙사 202호예요.

"好的。"
hǎode.
알겠어.

제 기억에 선배는 중국어를 그닥 잘하는 건 아니었던 것 같은데, 배달시키는 모습이 어찌나 패기 있고 여유로운지 갑자기 존경심이 생기더라고요. 그때 선배가 해준 말이 아직까지 생생해요.

"민지야, 네가 아무리 중국어를 열심히 해도 어차피 다 들을 수는 없어. 기죽지 말고 그냥 하고 싶은 말을 내뱉어, 계속 끈질기게. 그럼 상대방이 알아서 알아들을 거야. 자신감이 더 중요해. 알았지?"

우스운 이야기이긴 한데, 사실 중국어를 공부하는 모든 사람에게 꼭 하고 싶은 말이에요. 아무리 중국어 실력이 일취월장해도 다 들리지는 않아요. 그래서 더 중요한 게 뭔지 아세요? 자기가 하고자 하는 말만큼은 더 정확하게, 더 자신감 있게, 더 확실하게 전달하는 겁니다.

'하고자 하는 말'을
전달한다는 것

선배의 조언이 얼마나 중요한 말이었는지 더 뼈저리게 느낀 건 몇 개월 뒤 알리바바에서 일하기 시작했을 때였어요.

그땐 제가 HSK 6급 시험을 합격한 다음이었으니 알리바바 회장인 마윈의 중국어 연설을 듣고 이해한다거나 회의에 참석해 대충 어떤 내용인지 아는 정도의 수준이었어요. 그런데 웬걸! 중국인들끼리 대화할 때는 정말 안 들리는 거예요.

빠르게 말하는 게 미덕인 중국인들은 외국인인 제게 말할 때는 정상적인 속도로 말하다가도 자기들끼리 말할 때는 속도가 급격히 빨라집니다. 게다가 각 지역마다 방언이 있고 발음이 달라서 베이징 사람끼리 대화하는 건 들려도 광둥 사람끼리 대화하는 건 전혀 안 들리는 거예요.

그래서 역설적이게도, 제가 인턴십을 하면서 절실하게 느낀 것이 '듣기에서는 완벽에 대한 욕심을 버려야겠다'는 거였어요.

듣기는 사실 시간이 조금 걸려요. 귀가 익숙해지려면 여유를 두고 기다려줘야 해요. 게다가 중국어 공부를 아무리 오래했어도 100% 다 들리는 건 어차피 불가능해요. 그러니까 중국인과의 대화에서 조금 안 들려도 당황하거나 기죽을 필요 없어요. 다 안 들린다고 해서 자신감을 잃으면 결국 우리만 손해예요. 잘 안 들릴 때도 자기 할 말을 제대로 전달하는 것이야말로 우리가 키워야 할 실력입니다.

초짜라도 HSK 시험은
무조건 5급부터

시험을 위한 공부는 NO!
시험을 잘 활용하는 공부는 YES!
HSK 시험을 준비하는 과정 자체가 하나의
커리큘럼이라 생각하고 공부한다.

"통역병으로 군대 가려고 토익 시험공부를 했을 때 대박 열심히 했

거든. 그때 영어를 해놓지 않았으면 큰일 날 뻔했어."

군대 다녀온 제 친구들이 이러더군요.

맞아요! 그땐 아마 욕하면서 시험공부를 했겠지만, 커트라인

을 넘겠다는 그 일념 하나로 영어 공부를 했던 게 결국 큰 자산으

로 남은 거죠. 기억을 되살려 보면 제 영어 실력이 가장 단기간

에 확 늘었던 건 고등학교 2학년 때, 딱 두 달간 토플 시험공부에

매진했을 때였던 것 같아요. 사실 대학교 원서 접수 때 쓰기 위

해 따 놓으려고 했던 거였는데 토플 시험을 고득점하고 싶다는
의지가 엄청 강력했던 건지, 아니면 시험이 주는 압박감에 독서
실 의자에서 엉덩이를 떼지 못했던 때문인지… 영어 실력이 정말
많이 늘었어요.

우린 시험이라는 장치를 싫어하지만 사실 그게 꽤 효과적이라
는 걸 대부분 느껴 봤을 거예요. 중국어 공부를 할 때도 마찬가
지입니다. 시험이라는 장치를 잘 활용해야 한다는 뜻이에요. 만
약 현 시점에서 자신의 중국어 실력이 기초 또는 기초보다 약간
더 잘하는 정도라면 단기적 목표를 HSK 시험에 합격하는 것으
로 잡는 게 좋아요.

이렇게 말하면 학생이 아닌 사람은 의문이 들 거예요. '급수를
따는 건 나한테 그리 도움이 안 되는데… HSK 공부를 꼭 해야 하
나?' 그런데 저는 HSK 시험 급수가 필요하지 않은 사람도 시험
준비는 필요하다고 말하고 싶어요.

중국어 공부의 목표를 '시험 합격하기'로 잡으라는 의미가 아
니에요. HSK 시험은 최종 목적지가 아니라 그 목적지로 가기 위
한 초반 단계를 더 체계적으로 진행하기 위한 커리큘럼에 불과하
니까요!

HSK로 공부에
긴장감을 불어넣어라

HSK 시험에는 읽기와 듣기, 쓰기, 문법이 골고루 출제되기 때문에 시험을 준비하는 과정 자체가 중국어의 각 영역을 골고루 공부하게 만들어줘요. 중국어 공부를 하겠다고 마음먹고 서점에 가서 중국어 섹션을 훑어보면 책이 참 많죠? 그래서 뭘 봐야 할지 몰라서 회화책이나 표현집, 어휘책 등 이것저것 들춰보게 되는데요. HSK 4, 5, 6급 시험공부를 하겠다 생각하고 시험 준비를 위해 모든 영역이 다 들어간 책 딱 한 권씩만 사세요. HSK 급수를 따기 위한 시험공부라 생각하지 말고, HSK 준비하는 과정을 기회 삼아 중국어의 모든 부분을 커버한다고 생각하는 거예요. 예를 들면 저는 HSK 시험공부가 아니었다면 고사성어를 쳐다보지도 않았을 거예요. 지금 와서 보면 고사성어는 꼭 공부해야 하는 부분인데도 말이에요. 이것저것 참고서를 사서 맨땅에 헤딩하듯 혼자 계획을 세우는 것보다 시험의 커리큘럼을 그대로 따라가는 것이 마음 편하고 비용적으로도 훨씬 더 절약됩니다. 그리고 무엇보다 사람인지라 시험을 앞두고 있으면 동기를 가지고 장기전에 임할 수 있어요. 한창 공부할 때는 두세 달에 한 번 시험을 딱 신청해놓으면 실력 체크도 되고요.

저는 6개월 동안 HSK 시험을 두 번 봤어요. 셋째 달에 5급 한 번, 다섯째 달에 6급 한 번. 만약 시험을 신청하지 않고 그냥 혼자서 공부했다면? 아마 중간에 지쳤을 거예요. 아니면 중간에 늘어지거나 했겠죠. 실제로 반 년 동안 어학연수를 하러 온 학생들 가운데 대다수가 석 달 정도 지나면 처음의 의지는 온데간데없고 여행 다니거나 관광을 다녀요. 시험에 휘말리지는 않되 시험을 잘 활용하는 게 현명한 공부 방법입니다!

4급의 필수 단어는 어차피
5급에 포함되어 있다

그럼 여기서 또 다른 궁금증이 생길 겁니다.

'HSK 시험은 1급부터 6급까지 있는데, 난 기초 단계니까 1급부터 해야 하나?'

이것은 개인이 선택할 문제이긴 하지만, 제 경우에는 5급부터 시작했습니다. 여기서 오해는 사절이에요. 5급 시험을 볼 실력이었기 때문에 5급 시험부터 시작한 게 아니에요. 어차피 저는 독학하면서 HSK 시험을 하나의 체계적인 커리큘럼으로 활용한 거라 3급부터 차근차근 올라가기보다 곧바로 5급에 도전했어요. 하나의 커리큘럼을 좀 더 집중적으로, 좀 더 장기간 공부하는 방법이라고 생각했거든요. 그리고 4급까지 나오는 1,250개 필수 단어가 5급의 2,500개 필수 단어 안에 모두 포함되어 있었고, 문법도 동일한 내용이 좀 더 심화되었다는 차이가 있을 뿐이었고요. 지금도 이 선택이 시간을 아끼면서도 어떤 내용도 놓치지 않은 지름길이었다고 생각합니다.

중국어 공부를 계획하고 있다면 HSK 시험을 자신의 목적지(제 경우에는 중국 무대)로 가기 위한 '긴장감'의 장치로 활용해 보세요.

한 놈만 잡고
조져라

중국어 공부할 때만큼은
'딱 한 놈만 잡고 조지는' 전략으로 밀어붙인다.
'동반자'가 되어줄 문제집 한 권을 골랐다면
그걸로 끝까지 물고 늘어져야 한다!

학창 시절 공부할 때 친구들이랑 누가 더 많은 문제집을 푸는 지 경쟁했던 기억이 나요. 자습실 책상 옆에다 풀지도 않은 참고 서와 문제집을 차곡차곡 쌓아놓고 뿌듯해하곤 했었죠. 사실 그 때 얼른 하나 풀고 서점으로 달려가 새 문제집을 사는 재미도 쏠 쏠했고요.

이런 공부 습관이 있어서 그런 걸까요? 중국어 공부, 아니 어 떤 언어를 공부할 때는 항상 참고서와 문제집을 여러 권 사려는 경향이 있는 것 같아요. 그러나 그 안의 문제를 다 풀 시간은커 녕 펼쳐 볼 시간조차 없으니…. 공부를 아예 시작조차 하지 않게 되는 경우가 태반이죠.

여기서 제가 제안하는 방법은요, '딱 한 놈만 잡고 조지자'입니다. 말 그대로예요.

문제집(겸 참고서)을 한 권만 사서 오로지 그것만 갖고 공부하면서 중국어 공부를 끝내는 겁니다. 또 중국 드라마도 딱 한 편 골라 오로지 그것만 반복해 보면서 중국어 말하기와 듣기를 끝내는 겁니다.

다른 사람이 봤을 때 중국어 공부를 열심히 했으니 참고서도 여러 권 보고, 중국 드라마도 이것저것 많이 봤을 거라고 지레짐작할 수도 있어요. 하지만 천만의 말씀, 만만의 콩떡입니다.

제가 지금까지 풀었던 중국어 문제집은 단 두 권입니다. 《한 권으로 HSK 5급 끝내기》와 《한 권으로 HSK 6급 끝내기》, 즉 시험 하나당 한 권씩만 봤던 거죠. 하지만 영어라면 두 권으론 불가능했을 거예요. 일단 영문법의 분량이 어마어마하기 때문에 영문법만 놓고도 2~3권을 풀어야 했을 테니까요.

하지만 앞에서 이미 짚었듯이 중국어는 문법만을 위해 따로 책을 살 필요가 없어요. 그렇다면 좀 더 구체적으로 그 이유를 이야기해 볼까요?

문제집 한 권과
노트 필기만으로 충분!

중국어 공부를 하는 전체 기간에 '동반자'가 되어줄 문제집 한 권을 골라 봅시다! 그동안 중국어를 공부하면서 보던 책이 있다면 바로 그 책이 동반자가 되어줄 거예요. 만약 없다면 지금 서점에 가서 딱 한 권의 문제집만 골라 보세요. 가장 마음에 드는 딱 한 권으로요.

하지만 문제집을 한 권만 산다고 해서 한 권만큼만 공부하면 된다는 뜻은 아닙니다. 절대로! 왜 한 권만 사는지 그 이유를 이야기할게요.

첫째, 중국어 단어는 혼자서 단어 노트를 만들어 공부하면 됩니다. HSK 참고서를 살 때 딸려온 HSK 필수 단어 미니 책자를 활용해서 스스로 단어 노트를 만들어 나가면 됩니다. 그러니 단어와 관련된 책은 사지 마세요.

둘째, 중국어 문법은 참 가볍습니다. HSK 시험 범위 안에 들어가는 문법이 전부는 아니겠지만, 그게 '필수 문법'이라는 전제하에 말할게요. HSK 5급과 6급 책의 문법 내용은 거의 동일합니다. 즉 공부할 내용이 조금 어려워질 뿐이지 그 양이 더 많아지는 건 아니라는 겁니다.

그러니 문제집은 한 권만! 대신 그걸 혼자 여기저기 뜯어 가면서 분석한 '공부'의 결과물은 여러분의 노트에 필기로 남겨놓아야 합니다. 노트는 다른 사람과 돌려볼 것도 아니니 자신만 알아볼 수 있게 써도 무방합니다. 1년, 2년 뒤에 다시 중국어를 복습한다면 참고서와 문제집을 다시 들춰볼 필요 없이 이 노트만 보면 됩니다.

교과서에는 없는,
'진짜 중국인스러운 표현'

"와!! 너 중국어 잘한다"라는 말을 듣는 건
길고 어려운 고급 문장을 쏠 때가 아니다.
중국인이 일상적으로 쓰는
표현을 하나 붙여줄 때다.

어느 날 미국 친구 프랭크와 카페에서 같이 공부를 하고 있었어요.

"프랭크, 내가 만든 웹사이트인데 한번 볼래? 짱이지!"

심심해하는 그에게 노트북으로 제가 만든 것을 보여줬어요.

"워메, 대박! 너 쩐다!!"

프랭크한테서 '와우! 멋있는데' 정도의 반응을 예상하고 있었는데, 이 말을 듣는 순간 입이 쩍 벌어졌어요.

"아니, 너 어디서 이런 말 배웠어?"

"사람들이 많이 쓰던데… 너도 그렇고."

솔직히 프랭크는 한국어를 배우는 중이라 말을 더듬더듬하고, 어려운 단어가 나올 때마다 뜻을 물어봐서 한국어를 잘한다고 느낀 적이 없었어요. 그런데 이 말을 하는 순간 한국어를 엄청 잘하는 것처럼 느껴지더라고요.

생각해 보세요. 외국인이 "어이없어" "세상에 공짜가 어딨니?" "웃기시네"라는 말을 쓴다면? 갑자기 친근하게 느껴지지 않나요? 우리나라 사람이 자주 쓰는 말인데 책에는 나오지 않는 말을 프랭크가 쓰는 것처럼 저도 중국어를 할 때 그랬어요. 어려운 말을 섞어 가면서 길게 말하려고 하기보다는 감탄사 하나라도 중국인들이 일상적으로 쓰는 표현을 쓰려고 노력했어요. 그래야 중국어가 한층 자연스러워지고, 듣는 사람에게 '아, 이 사람은 진짜 실력자구나'라는 인상을 심어줄 수 있거든요.

중국인도 놀라는
중국어 표현 쓰기

우리가 자주 쓰는 영어 표현인 "오 마이 갓"은 중국어로 "天哪(tiān na)!"인데, 이 표현을 중국 사람에게 쓰면 모두 흠칫할 거예요. '어! 중국어 제법 하는데'라는 표정을 지으면서 말이죠. 교과서에 나오는 "太好了(tài hǎo le, 너무 좋아요)" 대신에 "好棒(hǎo bàng, 최고야)"을 쓰거나 "再好不过了(zài hǎo bú guò le, 이보다 더 좋을 수 없다)"를 쓰는 거죠.

자꾸 분위기를 깨는 친구가 있다면 "너 왜 매번 찬물을 끼얹냐!"라는 뜻의 "你为什么每次泼冷水(nǐ wèi shén me měi cì pō lěng shuǐ)"라고 농담을 건네고, 부탁한 일을 잘 처리해주었을 때는 "谢谢(xiè xie, 고마워요)"로 끝내지 말고 "你真靠谱(nǐ zhēn kào pǔ, 너 정말 믿음직스러워)"라는 문장 하나만 덧붙여줍니다. 사실 저는 단어 靠谱(kào pǔ)를 종종 쓰는데, 이건 중국인의 감탄을 이끌어내는 저의 비밀 병기예요. HSK 필수 단어에는 없지만 최근 몇 년 사이 중국에서 가장 많이 쓰는 단어 중 하나거든요.

지난 몇 년간 제가 실전에서 써먹으며 정리한 진짜 '중국인스러운' 표현이라는 생각이 드는 문장을 부록에 정리해놨습니다. 이런 말을 딱 3번만 쓴다면 말하는 사람의 중국어 실력을 의심하지 않도록 만들 수 있어요.

4장

중국어, 절대 까먹지 않아요

'꼬꼬무' 공부법으로 단어를 정복하라!

노가다식의
단어 암기는 이제 그만!

저는 명절만 되면 참 즐거워요. 대가족이 모이는 할머니 댁에 가면 삼촌네 갓난아기 승우를 만날 수 있으니까요. 고작 반 년에 한 번 보는데, 볼 때마다 승우가 부쩍 커서 아쉽기까지 합니다. 작년 추석에 승우를 만났을 때는 깜짝 놀랐어요. 손바닥이 제 손가락 하나보다 짧았던 아기였을 때가 엊그제 같은데, 벌써 '엄마' '아빠' 두 단어 정도는 가뿐하게 말하고, 알아들을 수는 없었지만 쉴새없이 재잘재잘 떠들어대더군요. 이런 걸 아기의 옹알이라고 하죠?

조금 뜬금없지만, 저는 승우의 옹알이를 지켜보면서 '우리가 처음 중국어 공부를 할 때 이런 모습이 아니었을까?'라는 생각을 했습니다. 쉴새없이 옹알거릴 만큼 말을 하고 싶지만, 결국 승우가 가장 먼저 해야 하는 일은 '엄마' '아빠'를 비롯해 한글 단어를 익히는 것입니다. 우리도 중국어 공부를 처음 시작할 때 '중국어로 자연스럽게 떠들고 싶지만, 그걸 하기 위해 선행되어야 하는 건 중국어 단어를 마구 머릿속에 집어넣는 겁니다. 우리의 머릿속에 다량의 단어가 둥둥 떠다닐 때 비로소 그 단어들을 이렇게 저렇게 지지고 볶아서 어떤 문장을 만들어낼 힘이 생기는 거죠.

쉽게 말하면, 어떤 요리를 만들기 위해 재료를 다듬고 준비하는 과정에 비유할 수도 있겠네요. 그게 없는 상태에서 말을 잘하려는 것은 의미 전달이 전혀 안 되는 '옹알이'에 불과합니다. 우리의 기초 체력과 같은 역할을 하는 단어 공부가 어느 정도 되어 있어야 '더 자연스럽게, 더 세련되게 말하는 것'을 연습할 수 있습니다.

기존의 단어 암기 방식이 너무 싫다면?

이처럼 단어는 기본적인 것이니만큼 가장 중요함에도 가장 비효율적으로 공부하는 것 중 하나이기도 하죠. 일반적으로 단어 공부를 싫어하는 이유는 단어 공부를 떠올릴 때 '단순 노가다 암기'가 자동으로 따라오기 때문인 것 같아요.

모든 공부가 그러하듯이 단어 공부를 하는 데 암기가 빠질 수는 없습니다. 이 생각에는 당연히 동의합니다. 그러나 솔직히 말하면 기존의 단어 암기 방식에 문제 제기를 하고 싶어요. 단어 암기가 '단순 노가다'일 필요는 없으니까요. 그것이 '단순 노가다'일 경우 그 단어가 우리 머릿속에 오래 남아 있을 가능성은 희박한데, 특히 중국어는 이렇게 공부했을 때 중도에 포기하기가 쉽습니다.

처음 중국어 공부를 시작할 때 자꾸 이런 의문이 들었습니다. '중국어 단어를 단순 노가다식으로 암기했을 때 어떤 문제가 있을까?' '어떻게 하면 중국어 단어를 쉽게 외우면서도 더 오래 기억할 수 있을까?'

그리고 중국어 공부에 올인했던 6개월 동안 이런저런 시도 끝에 이 두 가지 물음표를 느낌표로 바꾸는 저만의 해답을 찾아냈어요. 이제부터는 그 해답을 공유하려고 합니다.

바보야, 중요한 건
그게 아니야

인터넷 중국어사전에서
각각의 '한자'가 어떤 뜻이고,
그 두 한자가 합쳐져 어떤 '단어'의 뜻을 갖게 되는지
찾아보는 연습을 하자.

가장 처음 중국어를 접했던 고등학교 시절에는 저 역시 '그냥' 단순하게 암기를 했습니다. 시험 기간이 다가오면 중국어 선생님이 외우라고 주신 단어 리스트를 달달 암기했죠. 한자가 '외계어'처럼 보였지만 수학, 영어, 국어 같은 무시무시한 과목들이 기다리고 있었으니 그저 단순 무식하게 머릿속에 집어넣기 바빴어요.

그래도 그때는 평화로웠어요. 아무 문제가 없었죠.

문제는 베이징에서 어학연수를 하면서부터 시작됩니다. 당장 6개월 안에 HSK 급수 중 가장 높은 급수인 6급 시험에 합격하겠

다고 선전포고까지 했는데, 단어장을 편 순간 현실 자각이 된 겁니다. HSK 5급, 6급 필수 단어로 지정된 5,000개가 넘는 중국어 단어를 무슨 수로 외울지 답이 안 나왔던 거죠. 5급 단어장 안에 나열된 수없이 많은 단어를 하루에 60개씩 외우기로 계획을 세우고 DAY 1, 2… 하나씩 나아가는데, 앞서 외운 걸 하루도 지나지 않아 까먹는 거예요.

이 비슷한 것들을
어떻게 외우나

하루는 5급 필수 단어장의 DAY 7을 펴서 암기하려고 하는데 尊敬, 遵守가 나란히 보이더라고요. '尊, 遵… 아래 뭐 하나 있는 거 말고는 너무 똑같이 생겼네…. 내일이면 또 헷갈리겠구나.' 어떻게든 꾸역꾸역 머릿속에 집어넣었더니 그다음에는 字母, 字幕가 보입니다.

'첫 번째 한자는 똑같고 두

단어장 DAY 7	
	뜻
尊敬 [zūn jìng]	존경하다
遵守 [zūn shǒu]	(규정 등을) 준수하다, 지키다
⋮	
字母 [zì mǔ]	자모, 알파벳
字幕 [zì mù]	(영화·텔레비전의) 자막

번째 한자는 병음이 같네….' 그래도 어떻게든 참고 진도를 나가
보려는데 专心, 转变, 转告, 砖이 보입니다. '专, 转, 砖' 왜 이렇
게 다 비슷비슷하게 생겼지…!'

도무지 외워지지 않는 한자를 붙잡고 있다가 인터넷 중국어사
전으로 단어를 검색해 보았어요. 그랬더니 专心의 의미(전심전
력하다, 전념하다, 몰두하다, 열중하다)가 나열되고 나서 그 아래에
'관련 표제자 보기' 칸이 있고, 거기서 专과 心의 의미를 각각 따
로 보여주는 거예요.

"오! 이건 뭐지? 专은 오로지 전, '전문적이다, 전념하다'라는
뜻의 한자이고 心은 마음 심, '마음'이라는 뜻의 한자지. 아! 그
래서 둘이 합쳐져서 '마음心을 전념하다专'의 专心이 되는 거구
나!"

그때 처음으로 중국어 단어 전체를 하나로 보는 게 아니라 한
자 두 개의 결합으로 보게 되었어요. 그리고 단어의 나열된 뜻을
보지 않고도 그냥 그 한자만으로도 대충 무슨 뜻인지 알 수 있겠
더라고요.

'아!! 만약 이런 식으로 내가 외우는 단어들이 어떻게 그 뜻을
가졌는지 알 수 있다면…?'

역시 사람은 절박할 때 머리가 돌아가나 봅니다. 유레카였죠!

이렇게 보니 단어들이 비슷하게 생긴 게 전혀 원망스럽지 않더라고요. 그때부터 중국어 단어를 공부하는 방법 자체가 완전히 바뀌었습니다. 단어장을 보면서 단어 리스트에 나와 있는 대로 달달 암기하는 게 아니라 단어장에서 오늘 공부해야 하는 단어 할당량을 받으면 그 단어를 인터넷 웹사전으로 일일이 검색해 봤어요. 각각의 '한자'가 어떤 뜻을 가졌고, 그 두 한자가 합쳐져 어떤 '단어'의 뜻을 갖게 되는지 궁금했으니까요. 이런 식으로 먼저 한자를 통해 어떤 의미를 가진 단어인지 유추하면서 단어를 암기하자 갈수록 속도가 빨라지기 시작했어요. KTX의 속도로 달리게 된 거죠.

근본 한자를
먼저 파악할 것

그때부터 중국어라는 언어의 근본적 특성에 주목하게 되었어요. 중국어 단어를 공부할 때 이런 현상이 나타나는 이유는 딱 한 가지입니다. 바로 중국어 단어가 2개 이상의 '한자' 결합으로 만들어진다는 점이죠.

근본이 한자이기 때문에 기본자(专)에 다양한 부수자가 붙어 각기 다른 뜻을 가진 무수히 많은 한자(转, 传, 砖)를 만들어내는 것이고, 한자는 결합 문자이기 때문에 앞뒤로 서로 다른 한자(母, 幕)가 붙어 새로운 단어(字母, 字幕)를 만들어냅니다. 다시 말해 서로 다른 한자의 결합으로 만들어지는 중국어 단어는 말 그대로 무한개가 되는 거죠. 단어장에 나와 있는 소위 '필수 단어'라고 불리는 단어들은 그 개별 한자를 가지고 만들 수 있는 소수의 예시에 불과해요. "HSK 6급을 따고 신문도 못 읽는다"는 말이 괜히 나온 게 아니랍니다. 단어장의 단어만 달달 외울 경우 발생하는 부작용이 정말 심각하겠다는 생각이 들더라고요.

꼬리에 꼬리를 무는
'꼬꼬무 단어 공부법'

쪼개기와 합치기를 반복하며
단어를 확장해 나가는 것이
'꼬꼬무 단어 공부법'의 핵심이다.

이렇게 한자 중심으로 공부를 하다 보니 신기한 일이 생겼어요. 인터넷 사전에 단어 하나를 검색해서 구성 한자를 한 자 한 자 클릭해 자세하게 보게 되고, 거기서 발견한 또 다른 단어를 클릭해 또 그 단어의 구성 한자를 보게 되는 거예요. 한 마디로 하나 검색하려고 들어갔다가 같은 한자를 가진 또 다른 중국어 단어로 넘어가고, 넘어가고…. 이러다 보니 노트에 따로 정리하지 않을 수가 없었어요. 단어 하나에서 파생된 여러 단어를 차례로 노트에 적어 나가다 보니 하나의 맵 또는 네트워크 같은 게 만들어지더라고요!

예를 들면 DAY 1에 나온 安裝(ān zhuāng, 설치하다)이라는 단어를 공부하면서 安이라는 한자가 어떤 의미인지 아는 상태에서 그 한자로 이루어진 安静, 安排, 安全 등을 한꺼번에 공부하면 '뜻'을 중심으로 연상 작용을 하게 되죠. 거기서 또다시 安静(ān jìng, 안정되다)의 静이 처음 보는 한자면 静의 의미를 찾아보고 거기서 다시 冷静, 平静, 动静 등으로 넘어가게 됩니다. 꼬리에 꼬리를 무는데, 한 꼬리에서 그다음 꼬리로 넘어가는 그 연결관계를 스스로 만들기 때문에 한 번에 많은 단어를 흡수해도 다 소화할 수 있는 거예요.

그때부터 이런 식으로 그 뜻을 유추해 나간다면 단어를 굳이 달달 외우지 않아도 기억할 수 있겠다는 자신감이 생겼어요. 그리고 이 방법에 '꼬리에 꼬리를 무는' 단어 공부법이라는 이름을 붙였어요. 이렇게 해서 저만의 단어 공부 프로세스를 만들어 나간 겁니다. 말로는 잘 표현이 안 되니까, 실제로 어떻게 했는지 그림으로 보여드릴게요!

1단계: 오늘 배울 단어는?

우선 단어장을 펴고 오늘 암기해야 할 단어들을 위부터 아래까지 쭉 살펴봐야겠죠. 오늘 공부할 첫 번째 단어는 바로 请求입니다.

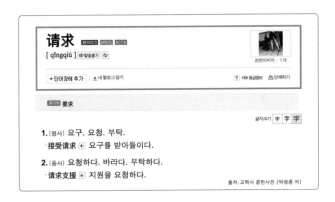

2단계: 개별 한자의 뜻과 음 공부하기

여기서 뜻을 그냥 무턱대고 암기하는 게 아닙니다. 이 단어를 쪼개서 단어를 이루고 있는 한자 두 개를 개별적으로 공부합니다.

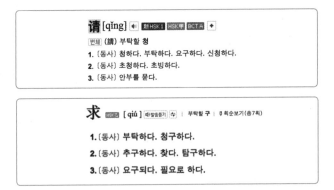

3단계: 한자들의 의미적 결합 확인하기

이 두 한자의 뜻을 알았으면 이제 한자 请과 求의 뜻이 어떻게 결합되어 请求의 뜻을 이루었는지 파악합니다. 아래를 보면 표제자를 하나하나 클릭할 수 있습니다.

이렇게 두 한자가 만나서 '요구하다, 요청하다'라는 뜻을 가진 단어请求가 만들어졌어요.

4단계: 각 한자의 새로운 단어 형성 찾아보기

여기서 끝나는 게 아닙니다. 꼬리에 꼬리를 물어야 합니다. 각 한자는 다른 한자와 결합하여 새로운 단어를 만들어냅니다.

사전에 각 한자를 쳐보면 그 한자로 만들어진 단어 리스트가

나옵니다. 이미 한자 请의 뜻을 알기 때문에 두 번째 한자의 뜻
만 공부하면 새로운 단어를 쉽게 암기할 수 있겠죠. 거기서 HSK
필수 단어만 노트에 정리합니다. 다음을 보면 지금까지의 과정
이 한눈에 정리가 될 거예요!

여기 나온 한자들 가운데는 분명 처음 본 한자도 있을 겁니다.
이때는 2단계로 돌아가 그 한자들을 개별적으로 뜻과 음, 병음,
성조를 찾아봅니다. 그런 다음 그 한자들은 또 어떤 다른 한자와

결합하여 새로운 단어를 만들어내는지를 알아봅니다.

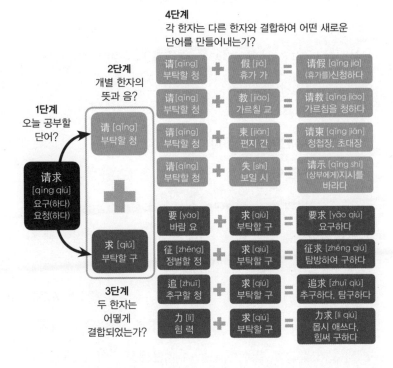

저는 DAY 60개를 만들어 각 DAY 당 60개 단어를 집어넣어 하루에 단어 60개씩 외워 나갔습니다. 한자 하나하나를 개별적으로 공부하는 방법은 사실 초반에 너무 수고스러웠어요. 단어장 한 장을 넘기는 데 두 시간씩이나 걸리더라고요. 근데 단어장을 한 장 한 장 넘길수록 이 방법에 대한 확신은 더 커져 갔습니다.

DAY 1를 끝내고 DAY 2로 넘어가도 전날 외운 단어가 모두 기억에 남아 있었고, DAY 10이 되어도 DAY 1~9까지 암기한 단어를 까먹지 않더라고요. 그리고 DAY 20 정도 넘어가자 이미 공부했던 단어가 3분의 1, DAY 40 정도 되자 이미 공부했던 단어가 2분의 1이나 되었어요.

'꼬꼬무 단어 공부법'이
성공적인 이유

이 방법의 효과를 제대로 실감했던 것은 6급 공부를 시작하면서 단어장을 폈을 때였습니다. 5급 단어장을 정리할 때 사전에 나오는 단어들을 급수 신경 안 쓰고 6급 단어까지 정리하고 암기했기 때문에 6급 단어장을 폈을 때 3분의 1은 이미 공부한 단어였어요. 나머지 3분의 1은 기본자가 같고 부수자만 바꿔주면 되는 거였고요. 결국 한자 두 개 가운데서 적어도 하나는 공부했던 단어라서 다른 한자만 암기하고 그 둘이 합쳐졌을 때의 뜻만 파악하면 되었죠. 제가 HSK 5급 시험을 본 뒤 두 달 만에 6급 시험을 쳐서 합격한 데는 여기에 포인트가 있습니다. HSK 6급 그리고 그 이상까지 공부할 결심을 갖고 있던 제게는 오랫동안 '지속 가능한' 단어 암기법이었어요.

단어장에 있는 그대로 외우면 더 적게, 빠르게 외울 수 있는데 왜 군이 이렇게 잘게 쪼개 하나하나 암기하느냐고 묻는다면 이렇게 대답하겠어요.

"이게 시간을 아끼는 지름길이에요!"

나중에 '덤탱이'를 쓰느니 지금 '제대로', 최대한 '효율적으로' 암기하는 게 최선입니다

또한 머릿속에 단어량 베이스가 없는 상태에서 문제를 푸는 것은 '문제 푸는 실력'을 키우는 게 아니라 암기할 단어를 단어장이 아니라 문제집에 실린 문제로부터 받는다는 그 차이일 뿐입니다. 일단 단어량부터 확보하고 나서 그걸 문맥에 집어넣는 순서로 공부한다면 '단어에만 집중하는 기간'이 지나고 문제를 풀 때 단어 찾는 데 시간을 허비하는 일이 없어지고 풀이 능력을 키우는 과정이 단축됩니다.

단어량 확보에 올인 → HSK 문제를 풀면서 실질적인 청해, 독해 실력을 키우는 데 집중

⑲ HSK 6급에 합격하고도
신문기사 하나 못 읽는다니

HSK 6급에 합격하고도 사전 없이는
신문기사의 헤드라인조차 제대로 읽지 못하는 건
단어를 단순 암기했기 때문!

처음 '한자' 중심으로 암기할 때는 이전보다 단어가 훨씬 더 잘
외워지는 것만으로도 날아갈 듯 행복했어요. 그런데 시간이 흐를
수록 암기가 쉽다는 것 이상의 의미가 있다는 것을 알게 되었죠.

베이징에서 어학연수를 할 때 제 룸메이트는 연수생 사이에서
소문이 날 정도로 실력이 좋았어요. 중문과 출신으로 HSK 6급
까지 합격하고 베이징으로 유학 와서 고급반에서 공부하고 있었
거든요. 하루는 룸메이트가 반 친구 3명과 중국어 신문 스터디를
한다는 이야기를 듣고 '실력자'들이 중국어 신문 읽는 모습을 보
면 공부하는 데 긍정적 자극을 받지 않을까 해서 룸메이트를 따

라갔습니다. 그런데 제가 상상했던 고급반다운 모습이 전혀 아니었어요!

신문기사 보며
끙끙 앓는 소리를

HSK 6급 시험을 준비 중인 3명은 물론이고 6급 합격자인 룸메이트도 기사 하나를 읽는 데 무려 한 시간이나 걸리는 거예요. 그런데 중문 기사의 좋은 문장 표현과 어려운 문장을 독해하느라 시간이 걸리는 게 아니라 사전으로 모르는 단어를 검색하는데 시간이 다 가더라고요. 중국어에서 유일한 공인 인증시험인 HSK에서 가장 높은 단계인 6급에 합격했는데도 중국어로 된 기사 하나에 쩔쩔 매다니 이해가 되지 않았어요. 토익 시험 950점 이상, 토플 시험 105점 이상의 영어 실력자가 영자 신문기사 하나를 읽으며 쩔쩔 맨다면 누구든 이상하게 생각할 거예요.

스터디를 끝내고 기숙사로 돌아오면서 룸메이트에게 어려운 기사였는지 물어보았습니다. 그런데 중국 금융시장에 대한 무난한 기사였다고 하더라고요.

"기사 하나를 읽는 데 시간이 꽤 걸리던데 모르는 단어가 많았어? 6급까지 했으니 단어량이 엄청날 텐데…."

"그렇지. 근데 중국 신문기사를 읽다 보면 듣도 보도 못한 단어가 수두룩해. HSK 6급에 합격하고도 왜 중국에 왔는지 이제 알겠지?"

기숙사에 도착하자마자 룸메이트에게 스터디한 기사를 보여 달라고 했어요. 룸메이트는 자신이 모르는 단어에 동그라미로 표시를 해놓았더라고요.

제목: 人民财评, 首付贷风险类似于次贷 需严加防范
今年以来, 深圳, 上海等地核心区房价同比大幅上涨50%左右。
深究其背后恐怕首付贷是原因之一。
因为首付贷不需要抵押, 不需要确权, 就可以通过房地产中介,
开发企业甚至P2P公司来贷到款。

인터넷 중국어사전에서 일일이 검색해 보니 이 중에서 财评, 首付贷, 次贷는 단어장에도 나오지 않고 严加, 防范, 房价, 同比, 大幅, 上涨, 抵押, 确权, 房地产은 사전에 나오긴 하는데 6급 필수 단어장에 없는 것이었어요. 다시 말해 단어장에 있는 단어를 그대로 암기해 온 룸메이트에게 이 단어들은 '한 번도 본 적 없는 공부하지 않은 단어'였던 거죠.

사전 없이
신문기사를 읽는 법

HSK 6급 시험을 준비한 이유는 단순히 급수를 따기 위한 것이 아니라 중국어를 빠른 시간에 마스터하기 위한 것이었어요. 여기서 '마스터한다'는 것은 신문기사를 읽고 이해하는 것까지 포함합니다. 그런데 단어를 단순 암기하면 HSK 6급에 합격하고도 사전 없이는 신문기사의 헤드라인조차 무슨 말인지 모른다는 겁니다. 충격적이지 않나요?

서로 다른 한자의 결합으로 만들어진 중국어 단어는 말 그대로 무한개예요. 그러다 보니 '필수 단어'라는 타이틀을 단 개별 한자를 가지고 만든 단어는 소수에 불과한 거죠.

그러나 그 많은 경우의 수를 일일이 암기할 능력을 가진 사람이 과연 몇이나 될까요? 쉽지 않을 겁니다. 외국인인 저에게는 불가능한 일이고요. 그렇다면 어떻게 해야 할까요?

앞에서 언급한 것처럼 저는 HSK 6급에 나오는 5,000개 단어를 범위 안에 두고 한자 하나하나를 공부했습니다. 그래서 접해보지 못한 조합이 나왔을 때 두 한자의 뜻을 토대로 단어의 뜻을 '유추'해내는 거죠.

본격적으로 중국어 신문기사를 읽으면서 한자를 기준으로 삼고 단어를 암기해 왔다는 사실에 스스로 그렇게 대견하고 고마울 수가 없었습니다. 이제 막 5급 필수 단어인 2,500개를 공부했는데, 그 기사를 읽는 데 큰 어려움이 없었거든요. 왜냐고요? 다 배운 한자였으니까요. (사실 저에게 한자는 진짜 쥐약이었거든요!)

5급 단어 财务(cái wù, 재정, 재무)를 암기할 때 财의 뜻이 '재물, 금융'이라는 것을 공부했고, 5급 단어 评价(píng jià, 평가하다, 평가)를 암기할 때 评의 뜻이 '평가하다'라는 것을 공부했기 때문에 둘을 붙여놓은 财评은 '금융적 평가' 뭐 이런 뜻일 거라고 추측할 수 있었어요. 물론 단어를 보자마자 그 뜻이 곧장 떠오르지는 않았지만, 그 단어의 뜻을 유추하고 앞뒤 문맥을 파악해 기사를 술술 읽어 내려갈 수 있었어요.

한자가 헷갈리게 생겨 암기가 잘 안 되는 것까지는 이해할 수 있습니다. 하지만 필수 단어 5,000개까지 외울 정도의 시간과 노력을 투자했음에도 중국어 신문기사를 읽을 때 일일이 사전에서 단어를 찾아야 한다면 도중에 중국어를 포기하고 싶다는 생각이 들지 않을까요!

모르는 단어도 알게 해주는
'부수자의 힘'

적어도 부수만 알면 모르는 단어라도
어떤 것과 관련되었다는 걸 짐작할 수 있고,
앞뒤 문맥을 통해 더욱 구체적으로
단어의 뜻을 유추할 수 있다.

중국어 단어를 공부하면서 한자가 비슷하게 생겼다고 느낀 적이 있나요? 예를 들면 青, 请, 情, 清, 晴, 蜻, 氰, 圊을 보면 青(qīng)이 반복적으로 나타나고 그 옆이나 위에 한자가 바뀐 것이 보입니다. 이들 한자는 기본자인 青은 동일하지만, 부수자(衤石 扌火 氵 扌 亻女 冂)의 차이만으로 각각 다른 뜻을 갖고 있습니다.

만약 한자 青이 '푸르다'라는 뜻을 가졌고, 각 부수자가 무슨 뜻인지 안다면 이 8개의 한자를 암기하기가 훨씬 수월해질 거예요! 따로따로 하나씩 한자를 암기하는 것보다 말이죠. 이게 바로 '부수자의 힘'입니다.

하나의 중국어 단어를 두 개의 한자로 분리시킨 다음 각 한자의 뜻을 파악하고, 그 두 개의 결합을 파악하는 것과 정확히 같은 논리입니다. 하나의 한자를 부수자와 기본자로 분리시킨 다음 기본자의 본래 뜻에 부수자가 가진 뜻을 살짝 첨가하면 그 한자의 뜻이 되는 겁니다.

그렇다면 각 부수자가 가진 뜻을 먼저 살펴볼까요?

알아두면 좋을
'꼬꼬무' 부수자

중국어 한자들 가운데 왼쪽에 부수자 亻이 붙은 한자를 많이 보았을 거예요. 사실 부수자 亻은 우리가 잘 아는 人(사람 인)이 변형된 겁니다. 그래서 부수자 亻이 붙은 한자는 사람과 관련이 있거나 사람이 하는 동작인 경우가 많습니다. 예를 들면 사람을 지칭하는 대명사인 你(너), 您('너'의 존칭), 他(그 사람)에 모두 亻이 들어간 게 보이죠? 또한 '어떤 사람을 임명하다'의 任(rèn), '상대방을 신뢰하다'의 信(xìn)에도 亻이 보입니다.

女는 잘 알다시피 '여자' '여성'을 뜻하는 한자입니다. 他는 '그 사람'이라는 뜻인데, 지칭하는 사람이 여성임

이 확실할 때 她라고 쓰는 것만 봐도 女가 부수자로 들어가면 대부분 여성이나 여성의 활동과 관련이 있다는 것을 알 수 있어요. 여자를 취해[取] 오는 것은 '장가들다'는 뜻으로, 이때 쓰는 한자가 娶(qǔ)입니다. 여자가 다른 집에 '시집간다'는 뜻의 한자는 嫁(jià), '며느리'는 媳(xí)입니다.

月 부수자 月가 붙은 한자는 모두 인체나 사람의 몸과 관련이 있습니다. 가슴은 胸(xiōng), 배꼽은 肚脐(dù qí), 목은 脖子(bó zi), 허리는 腰(yāo), 엉덩이는 屁股(pì gu), 뇌는 脑(nǎo), 심장은 心脏(xīn zàng)… 참 많기도 하죠. 复习(fù xí, 복습하다)에서 复(fù)는 '반복하다'라는 뜻으로, 거기에 부수자 月가 붙어 腹(fù)가 되면 복부(腹部, fù bù)라는 뜻을 가집니다. 退步(tuì bù, 퇴보하다)에서 退(tuì)에 부수자 月가 붙으면 어떤 뜻으로 쓰일까요? 인간의 '다리'를 뜻하는 腿(tuǐ)가 됩니다.

忄(心) 마음을 뜻하는 心에서 변형된 부수자 忄이 붙으면 사람의 마음에 관련된 한자가 만들어져요. 예를 들면 부정을 나타내는 不(bù)에 부수자 忄이 붙으면 '(마음속에) 간직하다, 품다'라는 뜻을 가진 怀(huái)가 됩니다. 같은 不에 부수자 土가 붙으면 '나쁘다'라는 뜻의 坏(huài)가 되는데 말이죠! 마찬가지로 '푸르다'는 의미의 青에 부수자 忄이 붙으면 '감정, 애정'이라는 새로운 뜻의 情(qíng)이 탄생합니다.

讠(言) 说 왼쪽에 붙은 부수자 讠는 사실 '말하다, 말씀하다'라는 뜻의 言이 변형된 것입니다. 그래서 부수자 讠이 붙으면 다 말하는 것, 말로 하는 것이라고 보면 돼요. 앞서 설명했던 青(푸르다)에 부수자 忄이 붙으면 '감정'을 뜻하는 情(qíng)이 되지만, 忄 대신에 讠이 붙으면 '부탁하다, 요구하다'라는 뜻을 가진 请(qǐng)이 된답니다. 또 '말하다, 이야기하다'라는 뜻의 讲(jiǎng), '논의하다'라는 뜻의 论(lùn), '말하다, 알리다'라는 뜻을 가진 단어 告诉(gào su)의 두 번째 한자에도 讠이 보입니다.

口 '입'이라는 뜻의 口가 부수자로 붙으면 '입으로 하는 동작'이나 입과 관련된 뜻을 가집니다. 가장 많이 쓰는 말 가운데 하나인 '먹다'라는 뜻의 吃(chī)에도 부수자 口가 보이네요. 문장 맨 끝에 쓰여 상의나 제의, 청유, 기대, 명령 등의 어기를 나타내는 吧(ba), 문장 끝에 쓰이면서 긍정을 나타내는 조사인 啊(a), 놀람이나 반가움 등을 나타내는 감탄사인 哎(āi), 탄식

을 나타내는 감탄사인 唉(āi)에 모두 부수자 口가 붙어 있어요.

贝(貝) 과거에는 화폐 대신으로 조개를 썼다고 합니다. 그래서 조개 패(貝) 자가 붙으면 대부분 경제 활동과 관련된 뜻을 갖게 됩니다. 예를 들면 재물 재(財), 물건 팔 판(販), 살 구(購), 가난할 빈(貧), 재화 화(貨), 탐할 탐(貪), 쌓을 저(貯), 빌릴 대(貸), 쓸 비(費), 장사할 무(貿), 품삯 임(賃), 세금 부(賦) 등이 있습니다.

犭(犬) 개 견(犭) 자가 들어간 한자는 대부분은 갯과 또는 원숭이과에 속한 동물이나 이들 동물의 속성과 관련된 뜻을 지닙니다. 개(狗, gǒu)나 여우(狐, hú), 이리(狼, láng), 사자(狮, shī), 원숭이(猴, hóu) 그리고 '사납다'라는 뜻의 猛(měng), '미치다'라는 뜻의 狂(kuáng)에도 부수자 犭이 있습니다.

衤(衣) 옷 의(衤) 자가 포함된 한자는 거의 '옷'과 관련이 있습니다. 예를 들면 셔츠나 블라우스는 衬衫(chènshān), 치마는 裙子(qúnzi), 바지는 裤子(kùzi)예요. 고등학교 때 중국어 시간에 裙子와 裤子가 헷갈려서 고생했는데, 일찍 이런 방법을 터득

했으면 얼마나 좋았을까 하는 생각이 절로 들었어요.

扌(手) 한자를 헷갈리게 만드는 것 중 하나가 扌라는 부수자입니다. 생긴 게 애매해서 이 부수자가 들어간 단어는 항상 잘 안 외워졌죠. 그런데 알고 보니 扌는 手(손)가 변형된 것이더라고요. '손으로 따다, 꺾다'라는 뜻의 摘(zhāi), '두 손으로 무거운 물건을 들다'라는 뜻의 扛(gāng), '밀다, 밀어서 열다, 차례로 놓다'라는 뜻의 排(pái)에 扌가 있었네요!

氵(水) 한자 왼쪽에 氵가 붙은 것을 정말 많이 봤을 거예요. 사실 이 부수자는 우리가 잘 아는 水(물 수)가 변형된 거랍니다. 그래서 이 부수자가 들어간 한자는 '물'이나 '액체'와 관련이 있어요. 왼쪽에 氵가 붙은 한자를 살펴볼까요. 江(jiāng)은 강, 湖(hú)는 호수, 汗(hàn)은 땀, 洪(hóng)은 물사태와 홍수를 뜻해요. 다 물과 관련이 있죠.

饣(食) 마지막으로 비교적 적게 나오지만, 그런 이유로 더더욱 헷갈리는 부수자 饣를 볼게요. 이것도 한 번쯤 본 적이 아주 기본적인 한자인 食(음식 식)이 변형된 거랍니다. 그래서

飠가 붙어 있는 한자는 대부분 '음식' '먹을 것' '먹은 행위'와 관련이 있어요. 중국어 공부를 시작할 때 가장 먼저 배우는 '밥'이라는 뜻의 饭(fàn)에도 飠가 있어요. '배고프다'는 뜻의 饿(è), '굶주리다'는 뜻의 饥(jī), '마시다, 음주하다'는 뜻의 饮(yǐn)에도 다 飠가 붙어 있네요.

부수만 알면 암기 시간이
반으로 줄어든다

하나의 기본자에 다양한 부수자가 붙어 다른 뜻을 갖긴 하지만, 비슷한 맥락의 한자를 만들어낸다는 것을 알게 되었습니다. 이런 방법으로 한자를 공부한다면, 그 한자가 왜 그런 의미를 가졌는지 수월하게 유추해낼 수 있어 암기하는 게 한결 쉬워져요. 예를 하나 들어볼게요. 한자 包(bāo)는 '싸다, 보따리, 봉지'라는 뜻을 가지는데, 이 기본자에 각기 다른 의미를 가진 부수자가 붙어 어떤 새로운 뜻을 갖게 되는지 볼게요. '음식, 먹다'는 뜻의 飠(食)와 包가 만나면 '배부르다'는 뜻을 가진 饱(bǎo)가 되고, '물이나 액체'를 의미하는 氵가 붙으면 '거품, 물[액체]에 담가 두다'라는 뜻을 가진 泡(pào)가 됩니다. '손으로 하는 행위'를 의미하는 부수자 扌와 만나면 '안다, 껴안다, 포옹하다'는 뜻을 가진 抱(bào)가 되고, '입으로 하는 행위'를 뜻하는 부수자 口가 붙으면 '(맹수가)포효하다, 울부짖다'라는 뜻의 咆(páo)가 됩니다. 그리고 '옷'과 관련된 부수자 衤가 붙어 '앞섶이 있는 중국식 긴 옷, 두루마기'를 뜻하는 袍(páo)가 되었네요.

또한 부수자와 기본자의 뜻을 각기 따로 알고 있으면 새로운 조합을 만나더라도 의미를 유추해낼 수가 있어요. 예를 들어 신문기사를 읽다가 喧哗(xuān huá)라는 낯선 단어를 봤다고 해요. 아마 배운 적이 없어 이 단어의 뜻을 정확하게 알지는 못할 거예요. 하지만 대충이나마 무엇과 관련 있는 단어인지 짐작이 가지 않나요? '입으로 말하는' 것과 관련이 있어요. 그래요! '떠들썩하다, 시끌시끌하다, 소란을 피우다'라는 뜻입니다. HSK 6급이나 신문기사에 나올 법한 단어죠. 어쩌면 중국어 공부를 하는 동안 배우지 않고 지나갈 수도 있는 단어인데, 적어도 부수자를 통해 대충 뜻을 짐작할 수 있다면 문맥으로 그 뜻을 충분히 유추해낼 수 있을 거예요.

단어 부트캠프에
온 것을 환영합니다

꼬꼬무 단어 공부법은
띄엄띄엄 하기보다
한번에 몰아쳐서 하는 것이
훨씬 더 효과적이다.

저는 '부트캠프'라는 말을 참 좋아해요. 그냥 세월아 네월아 공부하는 것보다 비교적 짧은 기간을 정해놓고 오로지 그것만 하는 '인텐시브' 프로그램이죠. 시험 기간의 마지막 일주일은 그 어느 때보다 집중력을 발휘해야 할 때 아닌가요? 그것 또한 자신만의 '벼락치기형' 부트캠프인 거죠. 꼬꼬무 단어 공부법을 선택했다면 여러분 역시 중국어 단어 부트캠프에 합류한 겁니다! 왜냐면 꼬꼬무 방법의 핵심은 머릿속에 한자를 중심으로 한 단어의 네트워크를 그리는 것이고, 이런 이유로 띄엄띄엄 하는 것보다 한번에 몰아쳐서 하는 것이 100배 더 큰 효과를 내기 때문이에요.

HSK 시험을 준비하는 두 달을 온전히 단어 부트캠프에 투자해 꼬꼬무 방식으로 공부한 제가 느낀 장점을 말할게요.

꼬꼬무 단어 부트캠프,
몰입의 힘을 경험하라

첫째, 기억에 오래 남아요.

앞서 나온 예시에서는 1개 단어로 16개의 단어까지 확장하여 암기했습니다. 그런데 상상해 보세요! 만약 그 16개 단어를 시중의 단어장에 나와 있는 대로만 암기했다면? 단어장 여기저기에 흩어져 있는 16개의 단어를 따로따로 암기하는 것과 그 다음날과 연관 지어 큰 그림을 그려 암기하는 것, 어느 쪽이 더 오래 기억에 남을까요?

둘째, 나중에 할 일을 덜어줘요.

이런 식으로 공부하게 되면, 아마 처음에는 정말 수고스러울 겁니다. 앞서 이야기했지만 60개 단어가 적힌 단어장 한 장을 넘기는 데 정말 오랜 시간이 걸리거든요. 근데 단어장 한 장 한 장을 넘길수록 이 방법에 대한 확신은 더 커질 거라고 자신 있게 말할 수 있어요.

셋째, 단어 공부 더 이상 안 해도 됩니다.

고백할 게 있어요. 저는 6개월 동안의 중국어 공부 이후로 한 번도 단어를 외우기 위한 단어 공부를 해본 적이 없습니다. HSK 6급을 공부할 때 단어장에서 총 5,000개의 단어를 제공받았고, 저의 꼬꼬무 방식으로 거의 1만 개의 한자를 10권의 단어 노트에 정리했어요. 그러고 나니 그 뒤로 마주치는 단어는 그 1만 개의 한자 안에서 해결되더라고요. 상사가 그때그때 던져주는 문서를 빠르게 읽고 의미를 파악한 뒤 관련 업무에 착수해야 하는 인턴에게 이 '추론 능력'이 없었다면 아마 매일같이 야근해야 했을 겁니다. 사전 찾는 데 시간이 다 가버릴 테니까요.

넷째, 처음 들어보는 신조어라도 어느 정도 '아는 척'할 수 있어요.

최근 중국 신문기사에 자주 등장하는 신조어가 있는데, 먼저 이 단어를 형성한 3개의 한자 뜻을 말할게요. 低(dī)는 '아래, 아래쪽', 头(tóu)는 '머리, 머리통', 族(zú)는 '민족, 종족'이라는 뜻입니다. 그렇다면 低头族는 어떤 뜻일까요? 기사 중간에 지하철에서 스마트폰을 보고 있는 사람의 사진이 있고, 기사 내용에 스마트폰智能手机이 자주 등장해요. 低头族라는 신조어가 무엇을 지칭하는 것인지 이제 감이 오나요? 네, 바로 고개 숙여 자신의 스마트폰만 바라보는 사람, 즉 스마트폰 중독자를 일컫는 신조어예요. 저는 이 단어를 처음 봤을 때 단박에 이 뜻을 알아챘어요. 머리통頭을 아래低로 향한 사람族, 이렇게 결합시키는 것만으로도 충분했죠. 이건 하나의 사례일 뿐 가면 갈수록 정말 다양한 단어가 탄생할 겁니다. 우리나라에서 '멘붕'이나 '금수저'라는 단어가 새롭게 생겨나는 것처럼요. 그럴 때 한자에 집중하면 굳이 사전을 찾아볼 필요가 없어요.

다섯째, 무엇보다 단어 공부가 재미있어요.

가장 중요하죠. 재미! 이 단어가 대체 왜 이렇게 생겨 먹은 건지, 왜 이런 뜻을 가졌는지 우리 스스로가 가장 잘 압니다. 그리고 그 단어로부터 그다음 단어로 넘어갈 때 계속해서 큰 그림을 채워넣고 있다는 느낌을 받아요. 그래서 억지로 꾸역꾸역 집어넣는 게 아니라 '주체적으로' 공부할 수 있습니다.

자, 어떤가요? 시작할 때는 시간 투자가 많은 꼬꼬무 부트캠프지만 장기적으로는 '시간을 절약해주는' 방법이라는 사실을 인정하게 될 겁니다.

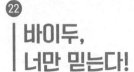

바이두,
너만 믿는다!

'단어 짝'을 차곡차곡
정리해 만든 데이터베이스는
위챗에 글을 올릴 때나 이메일을 쓸 때 등
중국어 작문을 할 때 요긴하게 쓰인다.

중국어를 공부할 때 무조건 단어량만 늘린다면 오히려 위험할 수 있어요. 얼마나 많은 중국어 어휘를 외웠느냐 하는 것보다 더 중요한 것이 중국어 단어 간의 '짝'을 정확하게 지을 수 있느냐 하는 겁니다.

여기서 '짝'이란 어떤 동사는 어떤 명사와 함께 쓰이고, 어떤 명사는 또 어떤 형용사와 함께 쓰이는지에 대한 배합을 말하는 거예요. 중국어로는 搭配(dā pèi, 배합하다, 짝을 이루다)라고 읽어요. 예를 들면 명사 损失(sǔn shī, 손실/손실되다)는 대부분의 경우 동사 造成(zào chéng, 형성하다)과 함께 쓰입니다. 损失는 造成과

'따페이'가 되는 거죠.

HSK 6급 시험에는 이 조합을 테스트하는 '단어 호응' 문제가 여러 개 나오는데, 이것만으로도 짝을 이루는 것이 얼마나 중요한지 알 수 있습니다. 시험에 나오느냐 안 나오느냐 하는 것보다 중국 사람이 이 조합에 신경을 쓴다는 점이 중요해요. 우리말로 직역했을 때 문제가 없어도 단어 간에 호응이 이루어지지 않으면 어색한 문장이거나 잘못된 문장이거든요.

어느 날 중국인 친구와 위챗으로 메시지를 주고받다가 중국에서 엄청난 인기를 누리고 있는 배우 김수현, 이민호에 대한 이야기가 나온 거예요. 그래서 별 생각 없이 '这些明星制造了韩流热潮(이런 연예인들이 한류 열풍을 만들어냈다)'라는 문장을 썼어요. 나름 어려운 단어를 사전까지 찾아가며 쓴 문장인데, 웬걸 친구한테 잘못된 문장이라는 지적을 받았어요.

"制造(zhì zào, 제조하다)와 热潮(rè cháo, 열기)를 같이 나란히 놓으면 틀린 문장이야. 热潮는 '열다, 들어 올리다, 위로 용솟음치다, 불러일으키다'라는 뜻을 가진 단어 掀起(xiān qǐ)랑 같이 써야 하거든."

热潮, 즉 '열기'라는 뜻을 가진 명사에다 전날 배운 '만들다'라는 뜻을 가진 制造를 함께 써서 '열기를 만들다'라는 의미로 쓴 것이었습니다. 그런데 '热潮를 만든다'에서 '만들다'는 거의 99% '불러일으키다'라는 뜻을 가진 掀起를 쓴다고 하더라고요. 이렇게 지적당한 뒤로는 글을 쓸 때마다 두 단어를 같이 쓰는 게 관용적인지, 이 명사와 가장 잘 맞는 동사가 무엇인지 확인하고 쓰게 되었어요.

바이두로 단어의
'짝' 찾기

이제는 단어 간의 호응관계를 어떻게 공부해야 하는지 궁금할 겁니다. 쉬운 것부터 차례대로 세 가지 방법을 알려줄게요.

첫 번째, 예문을 보는 것입니다.

단어를 공부할 때 각 단어 밑에 나오는 예문을 꼭 보고 넘어가는 것까지 계획에 넣어야 합니다. 단어 공부를 할 때 보통 인터넷 중국어사전을 쓰는데, 단어를 찾아 단어 노트에 적고 나서 다음 단어로 넘어가기 전 딱 1분만 시간을 내어 예문 부분을 클릭해 몇 문장이라도 쭉 훑어봅니다. 그러면 그 동사가 주로 어떤 명사, 양사와 같이 쓰이는지 알 수 있고, 그 명사가 주로 어떤 동사와 짝을 이루는지도 알 수 있을 거예요. 전략 1단계에서 이렇게 해준다면 나중에 가서 시간이 훨씬 더 절약될 겁니다.

예를 들면 '만들다, 야기하다'의 뜻을 가진 동사 造成을 공부할 때 예문을 살펴보면 대다수가 损失(손실)이나 伤害(피해) 등 '부정적' 뉘앙스의 명사가 붙는 것을 확인할 수 있습니다.

두 번째, 데이터베이스를 만드는 것입니다.

예문을 보면서 HSK 시험공부를 할 때 알게 된 '단어 짝'을 차곡차곡 정리해둡니다. 이렇게 만들어진 데이터베이스는 위챗에 글을 올릴 때나 중요한 이메일을 쓸 때, 중국어로 강연을 준비할 때 등 중국어 작문을 할 때 요긴하게 쓰일 거예요. 시간을 많이 투자하지 않는 범위 내에서 마이크로소프트 워드 파일 하나를 만들어 '중국어 단어 조합 리스트'라고 이름 붙인 뒤 공부하다가 눈에 띄는 것을 계속 입력해놓기만 하면 됩니다!

세 번째, 바이두를 사용하는 겁니다.

중국어로 작문할 때 5번 이상 들어가야 하는 사이트가 있는데, 바로 바이두입니다. 바이두는 우리가 매일 뉴스, 블로그, 카페 글을 검색하는 네이버와 비슷한 검색엔진이에요. 바이두에 단어 배합을 치고 검색을 눌러 보면 중국 신문기사나 블로그 글에서 실제 그렇게 쓰였는지 확인할 수 있습니다. 만약 그런 배합으로 쓰인 사례가 없다면 쓰지 않으면 되겠죠.

단어의 짝을 지을 수 있다는 것은 단어를 '어떻게How' 사용하는지에 대한 공부까지 끝냈다는 뜻입니다. 이 정도가 되어야 진정한 의미에서 단어를 공부했다고 말할 수 있겠죠. 단어 공부를 할 때 예문을 살펴보는 데 2분, 그 배합을 워드 파일에 정리하는 데 1분, 글을 쓸 때 바이두에서 검색하는 데 2분 등 총 5분의 시간은 중국어 작문에 있어 높은 퀄리티를 보장해줄 겁니다.

5장

실력을
쑥쑥 키우는
생생 중국어

실전에서 써먹으며
귀리어까지 잡아라!

중국에서 커리어를
만들어 가는 사람들

중국어가 아직 이렇게 서툰데, 과연 중국에서 커리어를 쌓는 게 가
능할까?

　최근 만난 어떤 사람 덕분에 저는 여기에 "응. 가능해!"라는 확답
을 얻게 되었습니다. 바로 스타트업 엑스(스타트업 엑셀러레이터)의
박재희 대표예요.
　박 대표를 처음 알게 된 건 2년 전이에요. 스타트업 전문 미디어
인 플래텀에 실린 중국 상하이 텐센트 창업보육센터 관련 기사를 읽
는데, 그곳에 입주한 사람 중 유일한 한국인이었던 박 대표의 인터
뷰가 함께 실렸던 거예요. 그 긴 글 안에서 제 눈길을 사로잡았던
건 바로 이 부분이었습니다.
　"박재희 대표(27)는 미국 UC 버클리 대학을 졸업하고 중국 상하
이로 건너와 편인紛印을 창업했다. 편인은 박재희 대표를 제외하면

모두 중국인 팀원으로 구성되어 있으며, 창업 초기이지만 벌써 팀이 10명으로 늘었다."

'미국 대학을 나왔다고? 근데 중국에 와서 창업을? 게다가 나름 잘되고 있는 것 같은데, 중국인 직원도 저렇게나 많고…. 대체 중국어를 얼마나 잘하는 거지?'

흥미로운 연구 사례를 맞닥뜨린 것마냥 머릿속에 물음표가 마구 떠올랐어요.

중국 대학교의 열악한 복사 시설의 불편함을 해결하기 위해 만든 클라우드 문서관리 서비스인 펀인紛印은 44억이 넘는 기업 가치를 평가받고 텐센트가 인수했습니다. 그녀는 중국 땅에서, 중국 최고의 기업에게 한국에서도 어렵다는 스타트업 '엑싯(EXIT, 투자회수)'을 한 거죠.

1년 뒤 상하이에서 직접 박 대표를 만났을 때 저는 궁금했던 질문들을 퍼부었죠.

"대표님, 대체 중국어를 언제, 어떻게 공부하신 거예요? 정말 대단해요."

"아, 학문적으로 중국어를 따로 공부한 적은 없어요. 다 실전에서 부딪히면서 중국어 실력을 키웠어요."

버클리 대학에 중국인 학생이 많아 그 친구들을 괴롭히면서 중국어를 익혔다고 농담하는 그녀의 얼굴엔 여유가 넘쳐흘렀어요.

생각해 보니 저도 알리바바라는 기업에 인턴으로 지원했을 때가 중국어를 제대로 공부하기 시작한 지 6개월이 채 안 되었을 때였습니다. 박재희 대표가 중국으로 와서 창업을 결심했을 때나 제가 알리바바 그룹에 지원했을 때 '완벽하지 않은' 중국어가 우려되지 않았다면 그건 거짓말일 거예요. 하지만 우리에게는 중국어가 아니라 꿈과 목표가 더 먼저 눈에 보였던 겁니다.

차이나드림을 꿈꾸다

네이버와 중앙일보가 합작해 만든 중국 전문 미디어, 차이나랩이라고 들어 보셨나요? 차이나랩의 외부 필진인 저는 중국에서 활약하고 있는 한국 스타트업의 생생한 이야기를 전달하기 위해서 여기저기 많은 팀을 찾아다닙니다. 그 많은 기업 중에서도 존경하는 팀이 있는데 바로 미식남녀(한국에서는 해먹남녀)라는 스타트업이에요.

국내에서도 유명한 요리 필수 앱인 '미식남녀'는 2016년 말 처음으로 중국에 진출해 그 시기가 빠른 편이 아니었는데도 한 달 만에 동영상 1,300만 조회 수를 달성하며 새로운 성장 방정식을 쓰고 있는 대단한 팀입니다. 미식남녀의 정지웅 대표가 중국에서 사업하면서 마음에 새긴 철학이 하나 있다고 해요. 바로 '레버리지론'입니다. 레버리지는 우리말로 '지렛대'라는 뜻이에요.

"딱 한 가지만 기억하면 됩니다. 먼저 외국인(한국인)이기 때문에 중국 소비자에게 더 어필할 수 있는 강점이 뭔지 정확하게 파악해야 합니다. 그게 우리의 레버리지이기 때문이죠. 그리고 중국 파트너를 만나거나 새로운 서비스를 런칭할 때 그 레버리지를 200% 활용할 수 있는 방향으로 파고들어야 해요. 반대로 외국인(한국인)이기에 갖는 약점, 우리의 레버리지에 반대되는 것은 철저히 피해야 하고요."

이들 외에도 중국 땅을 무대로 활약하는 한국인과 한국 기업이 적지 않습니다.

단기적으로 우리나라 기업과 중국 플랫폼을 잇는 다리 역할을 하고, 장기적으로는 '거상'이 되겠다는 원대한 포부를 가진 사람. 바로 중국의 이커머스 컨설팅 회사 러치(乐其)의 사업개발 매니저인 윤혜원입니다.

우리나라 대학에서 경영학을 전공하고, 졸업 후 소프트뱅크 커머스 코리아에 취직했지만 단조롭고 안정적인 업무로 자신을 한정 짓는 게 답답해 무작정 중국으로 왔다고 해요.

중국의 IT 기업은 원래 나이와 경력보다 실력을 우선시해 젊은 여성 임원이 많기로 유명하지만, 한국인으로서 일 년 만에 매니저가 된 그녀를 보니 정말 자랑스러웠어요. 그녀와 이야기하는 도중 귀가 번쩍 뜨인 말이 있어요.

"우리나라에서는 중국 시장을 거대하고 중요한 시장으로 바라보지만, 중국 기업은 기본적으로 아시아 전체, 그리고 전 세계를 타깃으로 비즈니스를 해요. 우리나라 기업들과 기준점부터 다르죠."

중국 기업에서 일하는 동안 경험의 폭이 어마어마하게 넓어진 그녀는 이제 중국이 아니라 더 큰 무대로 나가고 싶은 꿈을 가지고 있다고 해요.

중국어를 무기 삼아 중국 기업에 몸담고 일 년만 일해 보면 '아! 마음껏 기량을 펼치면서 뛰놀 수 있는 무대가 이렇게 넓어졌구나'라는 생각을 하게 돼요. 중국이란 무대에 도전한 젊은이라면 누구나 공감하는 이야기일 거예요.

게다가 그들의 꿈은 중국 대륙에 매어 있지 않고, 더 큰 세계를 향하고 있어요. 왜냐면 중국어 구사 능력은 중국인이 있거나 중국 자본이 들어간 지역이면 그곳이 어디든지 빛을 발하니까요.

카카오톡 대신 위챗,
갤럭시폰 대신 샤오미폰!

언어를 배우는 것은 곧
그 나라의 문화도 배우는 것이다.
중국어를 배울 때도 중국 문화를
함께 배워야 한다.

저에겐 정말 존경하는 멘토가 있어요. 지금은 귀국하셨지만 알리바바에서 인턴 생활을 할 당시 상하이 총영사관에 계셨던 정경록 영사님입니다.

중국에서 인턴 생활을 시작하기 전 상하이 영사관 사람들과 만나 이야기를 나눌 기회가 있었는데, 거기서 우연히 영사님과 한 테이블에 앉게 되면서 처음 알게 되었어요. 영사님이 이야기 도중 갑자기 자신이 입고 있던 셔츠를 손가락으로 가리키면서 이렇게 물어보시는 거예요.

"이 셔츠 진짜 예쁘죠! 이거 얼마 정도 할 것 같아요?"

"흠… 되게 비싸 보이는데요."

그러자 영사님은 기다렸던 답변이 나왔다는 듯이 말을 이어나가셨어요.

"하하! 아니에요. 요번에 새로 나온 온디맨드 서비스가 있는데, 맞춤으로 셔츠를 제작해주는 거예요. 이거 200위안(한국 돈 38,000원)도 안 되는 가격에 제작했는데 정말 만족스러워요!"

설마 했는데, 상하이에서 새로 시작한 중국 스타트업의 제품이었어요. 영사님은 한창 중국어를 배우는 중이라고 하셨던 것 같은데, 그런 서비스가 있는 걸 어떻게 아셨는지 무척 궁금했어요.

중국 속에 들어가려면
중국을 소비하라

"베이징에서 중국어 공부를 했다고 했죠? 언어를 배우는 것은 곧 그 나라의 문화를 배우는 것이라고 생각해요. 중국어를 배울 때 중국인들이 어떤 앱을 쓰는지, 어떻게 물건을 주로 사는지 등 중국의 문화에 대해 관심을 가져 보세요. 중국어를 공부하는 것 자체에 직접적으로 도움이 안 되더라도 말이죠. 향후 중국을 무대로 활약하고자 한다면 더더욱 그렇고요."

영사님의 말씀이 정곡을 찔렀어요. 중국에 온 지 벌써 6개월이

흘렀지만 아직까지 스마트폰을 켜면 가장 먼저 들어가는 건 위챗이 아니라 카카오톡이었고, 무언가 검색할 때면 너무나 당연하게 구글과 네이버만 보고 바이두는 거들떠보지도 않았거든요. 중국인들이 스마트폰 안의 알리페이와 위챗페이로 계산할 때 저는 현금을 내고 있었고요. 더 아이러니한 것은 이 서비스 플랫폼 모두 그동안 기사와 블로그를 통해 매일 접해서 이미 빠삭하게 알고 있는 것들이라는 거죠.

그러고 나서 마음속으로 깊이 반성했어요. '왜 이런 플랫폼을 직접 써볼 생각을 하지 못한 걸까? 곧 알리바바에 입사한다는 애가 타오바오(淘宝)랑 티몰(天猫)에서 물건 하나 사본 적이 없다니… 이건 좀 아닌 것 같아. 한마디로 몸만 중국에 있는 외국인이었구나.' (알리바바의 타오바오와 티몰은 각각 C2C, B2C 분야의 중국 1위 전자상거래 플랫폼이다.)

징동, 당당…
중국 인터넷 쇼핑몰에서 물건을 사다

그때 영사님을 뵙지 못했다면 중국에서 몇 년을 지냈어도 중국인의 삶에 제대로 융화되지 못하고 쭉 외국인으로 살았을 거예요. 다행히 그날의 자극이 꽤나 컸는지 그 뒤부터는 중국의 서비스 플랫폼을 이것저것 써보기 시작했습니다. 굳이 써보지 않아도 되는 것까지 다 써봤어요. 출근할 때는 택시 대신 디디다처(滴滴打车, 중국판 우버)로 콰이처(快车, 일반인의 차량 공유)를 불렀고, 식당에서 계산할 때는 주섬주섬 지갑을 찾는 대신에 위챗을 켜서 위챗페이의 QR 코드로 스캔해 돈을 냈어요. 새로 이사한 집에 필요한 물건이 있으면 타오바오에서 바로바로 주문했고, 알리왕왕(阿里旺旺, 타오바오 안에서 상품 판매자와 직접 대화할 수 있는 온라인 소통창)으로 직접 판매자와 대화도 나눠 봤어요. 11월이 되면 중국판 블랙프라이데인 광곤절(光棍节)까지 기다렸다가 샤오미 스마트폰을 반값에 구매했고요. 이렇게 저는 중국인의 생활과 별로 다를 게 없는 일상을 꾸려 가게 되었어요.

하루는 회사에서 엑셀을 쓸 일이 점점 많아지면서 엑셀 이론 책을 구해야겠다는 생각이 들었어요. 예전 같았으면 한국에 있는 가족한테 부탁해 중국으로 참고서를 부쳐 달라고 했을 거예요. 하지만 그 대신 중국의 인터넷 서점인 당당(当当)에서 엑셀 책을 검색해 평점을 일일이 읽어 보고 책을 주문했습니다. 신조어가 남발하는 중국어 후기를 하나하나 읽느라 시간이 걸리긴 했지만, 주문을 끝내고 나자 뿌듯하더라고요.

만약 중국에 가게 된다면, 또는 이미 중국에 있다면 중국인의 소비문화에 있는 그대로 융화되어 보세요. 중국인들이 쓰는 서비스, 중국인들이 쓰는 물건을 직접 경험해 보고 구입해 보세요. 그래야 중국에 대해 '안다'고 말할 수 있지 않을까요? 그러면 그 모든 것의 바탕이 되는 언어인 중국어도 자연스럽게 늘게 될 겁니다!

24

말을 잘하는 사람보다
할 말 많은 사람이 되자

"중국어는 껍데기에 불과해.
진짜 중요한 건 그 안에 들어 있는 알맹이야.
중국어를 유창하게 하는 것도 중요하지만
중국어로 전달하려는 메시지가
얼마나 좋은가 하는 게 더 중요하다는 말이지."

중국 항저우에 위치한 알리바바 그룹 본사는 자전거를 타고 이 동해야 할 만큼 드넓은 '캠퍼스(알리바바에서는 사옥을 캠퍼스로 부르는데 8개의 거대한 빌딩으로 이루어져 있음)'에 3만 명이 넘는 직원이 일하고 있습니다. 그런데 캠퍼스의 규모와 직원 수보다도 더 충격이었던 게 있어요. 그 안에서 일하고 있는 한국인이 여섯 명 남짓도 안 된다는 겁니다. 동료에게 이 이야기를 듣고 그 여섯 명이 얼마나 대단한 사람들일지 궁금해졌습니다. 게다가 중국인 동료에게 털어놓지 못하는 마음속 이야기가 쌓이다 보니 그 여섯 명을 만나보고 싶다는 마음이 커져 갔어요.

그러던 어느 날 티몰에서 일하는 짜이저(在哲, 알리바바에서는 직함과 직급을 생략하고 각자 별명으로 부름)라는 한국 사람이 있다는 이야기를 들었어요. 당장 만나고 싶은 마음에 건물 6층으로 한걸음에 올라갔는데, 회의 중이었기 때문에 한 시간이나 기다려야 했어요.

유명한 사람이라 냉철할 것 같아서 꽤나 긴장했는데, 직접 만나 이야기를 나누어 보니 웬걸, 옆집 아저씨같이 푸근한 분이더라고요. 사내 식당에서 밥을 얻어먹으면서 그의 한국 이름(이재철)을 알게 되었어요. 그리고 그가 전 직장인 LG생활건강에서 대단한 활약을 보여줘서 알리바바 본사로 스카우트되었다는 것과 알리바바에서 티몰의 한국과 일본 총괄을 맡고 있다는 것도 듣게 되었고요. 알리바바에서 일하는 동안 이 팀장님은 저에게 최고의 멘토였습니다. 그곳에서 보낸 시간이 경험 더하기 '사람' 이었다는 것을 느끼게 해준 분이었죠.

말이 약간 어눌해도
콘텐츠가 좋아야 한다

하루는 외부 미팅을 나가기 전 상사에게 해당 업체 브랜드에 대한 브리핑을 하는데 피곤한 탓인지 중국어가 생각처럼 안 나오고 버벅거렸어요. 문법 실수를 연이어 몇 번 한 것이 제 가슴을 후벼 팠고 중국어 실력에 회의감마저 드는 거예요. 항상 그랬듯이 자발적 야근을 하다 밤 11가 되었고, 혹시나 하고 6층에 올라갔더니 예상한 대로 짜이저 팀장님도 남아 계시더군요.

"팀장님, 바쁘세요?"

"오, 민지! 아니, 괜찮아. 다 끝나서 이제 퇴근하려고 준비 중이었어. 기분이 안 좋아 보이는데 무슨 일 있었어?"

"아… 무슨 일이 있는 건 아니고요. 중국어가 어쩜 이렇게 협조를 안 해주는지 속상해서요. 더듬거리고 어눌하고 통 늘지를 않아요."

팀장님은 자신도 비슷한 경험을 한 적이 있다는 표정으로 저를 바라보더니 한 마디 해주셨어요.

"중국어로 기본적인 의사소통은 되는 거지? 그렇다면 승부는 중국어 실력에서 나는 게 아니라 너의 업무 능력에서 판가름 나는 거야. 네가 무언가를 전달하려는 메시지의 껍데기는 중국어지만, 결국 더 중요한 건 껍데기 속 알맹이, 즉 그 메시지의 내용이야. 결국 승부는 그 내용이 얼마큼 들을 가치가 있느냐에서 나는 거야. 중국어를 잘해서 돋보이기보단 네 입에서 나오는 콘텐츠가 좋아서 돋보이도록 노력해 봐. 그럼 너도 일이 재미있다는 생각이 들 거고, 오히려 중국어를 쓸 기회가 더 많이 주어질 거라고 믿어.”

그 후로 알리바바 건물 회의실에서 팀장님을 비롯해 그 팀과 몇 번 마주쳤는데, 정말 다른 시각으로 보이더라고요. 팀장님도 중국어가 완벽하진 않았어요. 외국인 티가 팍팍 났거든요. 그런데 중국어로 팀을 진두지휘할 때 그의 불완전한 중국어 안에는 자신감이 넘쳐흘렀어요. 다시 말해 팀원들은 팀장님이 중국어를 잘하기 때문에 경청하는 게 아니었어요. 팀장님의 능력이 뛰어나서 경청할 수밖에 없었던 겁니다.

팀장님의 조언과 그의 일하는 모습은 제 생각의 관점을 바꾸어 놓았어요. ‘중국어를 더 잘하고 싶다’가 아니라 ‘실력을 더 키워서 들을 만한 가치가 있는 말을 하는 사람, 콘텐츠가 많아서 할 말이 끊이지 않는 사람이 되고 싶다’라는 생각으로 말이에요.

25

중국에서 일하는 것만으로
중국어 실력이 늘까

어떤 말이든 해야 하는 상황이 아니라면
일부러라도 만들어내라.
그러나 도움이 되는 이야기,
즉 '들을 만한 가치가 있는' 말을 해야 한다.

[2016년 4월 10일]

알리바바 인턴십에 합격했을 때 나는 '땡 잡았다'고 생각했다. '땡 잡은' 이유 중 무시할 수 없는 이유가 바로 언어. 길다면 길다고 볼 수 있는 3개월이라는 시간 동안 중국인밖에 없는 환경에서 하루 종일 일하면서 중국어만 쓸 텐데, 그럼 얼마나 중국어가 많이 늘까 하는 기대감이 있었다.

그런데 그 환경에 들어온 지 일주일이 된 지금, 모호한 기대감보다는 걱정이 앞선다. 여기 오기 전엔 회의 때 동료 직원들에게 둘러싸여 기획 아이디어를 중국어로 쌀라쌀라 떠들어대는 나의 모습을 상상했었지만, 그 상상이 갑자기 부끄러워지는 순간이다.

부끄럽지만 알리바바에서 인턴십을 할 당시 제가 실제로 썼던 일기 중 일부예요. 기대감이 너무 컸던 나머지 바로바로 늘지 않는 중국어가 참으로 원망스러웠죠. 중국 기업에서 일한다고 하면 중국어 실력이 자연스레 늘 것 같지만 실제로는 그렇지 않아요. 중국인 사이에서 하루 종일 일하다 보면 분명 중국어 듣기 실력은 늘 수 있지만, 그렇다고 해서 말하기 실력이 느는 것은 아니에요. 회사 내에서 하는 말은 정해진 몇 가지 문장을 크게 벗어나지 않기 때문이죠. 예를 들면 "언제까지 해드리면 될까요?" "어디서요?" 등 시간과 장소를 묻는 말이나 "이 문서 정리하면 되죠?" "새로운 행을 넣을까요?" 등 엑셀을 정리할 때 체크해야 할 질문 같은 게 대부분이에요.

'들을 만한 가치가 있는' 내용으로
말할 기회를 만든다

제가 합류한 팀은 티몰 직영인데, 해외 브랜드가 중국 시장에서 자리 잡고 성장하도록 도와주는 생긴 지 일 년도 안 된 신생 부서였어요. 처음에는 알리바바 본사에 있는 수백 개가 넘는 부서 가운데 몇 안 되는 신생 부서에 들어가게 되어 행운이라고 생각했어요. 착각이었죠. 신생 부서인데다가 민감한 내부 기밀이 많다는 이유로 인턴인 저는 내부 회의 참석이 제한되었어요. 그래서 티몰에 입점하고자 하는 해외 브랜드 대표가 알리바바를 방문하는 전략 회의에만 참석할 수 있었어요. 그것마저도 방문하는 브랜드 대표가 자신의 브랜드 홍보에 열을 올리는 시간인지라 제가 끼어들 여지가 많지 않았고요.

즉 직장에서는 사람들이 제가 뭔가 말하기를 기대하는 상황이 전혀 아니었던 거죠. 그러다 보니 제 입에서 나오는 한 마디 한 마디가 더 조심스러울 수밖에 없었어요.

그렇다고 해서 중국어 실력을 향상시키겠다는 저의 야망이 꺾인 것은 아니었어요. 오히려 중국 기업에서 일하고, 중국인과 함께 있다고 해서 중국어가 자연스레 늘 거라고 생각했던 이상적인 기대감이 사라지고 현실에 대한 객관적인 인식이 생겨 이에 대한 대책을 세워야 한다는 경각심이 들었어요.

회사에서 제가 어떤 말을 하길 기대하는 상황이 자연스럽게 생기지 않는다면 일부러라도 만들어내는 게 정답이라는 결론에 도달했어요. 그리고 그때 제 입에서 나오는 말은 그들에게 도움이 되는 이야기, 즉 아무런 내용 없는 말이 아닌 '들을 만한 가치가 있는' 것이어야 했죠. 그렇게 해서 생각해낸 것이 두 가지 방법이었어요.

첫째는 상사가 저를 외부 업체 회의에 데려갈 때 그 업체에 대한 사전 조사를 해서 상사에게 브리핑할 것. 둘째는 제가 있던 티몰 부서에서 MD들이 관심을 가질 만한 한국 브랜드를 발굴해 제안하는 것이었어요.

앞으로 중국 기업에서, 아니 어느 기업에서라도 일을 시작하게 된다면 이런 현실 타격을 한 번씩은 받을 거예요. 거기서 가장 중요한 것은 객관적으로 상황을 판단하고 스스로 자신의 가치를 높일 수 있는 방법을 생각하고, 그것을 실천하는 겁니다.

26

식사 자리에서
대화의 주도권을 잡는 법

완벽하지 않은 중국어로도
'치고 빠지기' 3번만 하면
식사 자리의 주도권을 잡을 수 있다.

"没事吃饭，有事办事."
méi shì chī fàn, yǒu shì bàn shì.
일이 없어도 식사하고 일이 있으면 식사하면서 처리한다

이 경구에서 알 수 있듯 중국의 비즈니스는 식사가 큰 비중을
차지합니다! 함께 식사를 해야 친구가 되고, 거기서 비즈니스와
관련된 이야기가 오가죠. 그러면서 없던 비즈니스도 생기고요.
그래서 중국에 있으면 동료 외에 다양한 사람과 식사할 기회를
놓치지 말아야 해요.

제가 알리바바에서 일할 때는 다른 부서의 직원들과 교류할 기

회가 별로 없다 보니 식사 자리가 정말 좋은 기회였어요. 하지만 초반에는 그런 자리에 끼어 어울리는 게 너무 힘들었어요. 대화 내용을 제대로 알아듣지도 못하는데 뭐하러 그 자리를 차지하고 있나 하는 생각마저 들었습니다. 하지만 이것도 작은 노하우를 통해 극복했죠!

여기서 '다 들으려고 발버둥 치지 말고 자신감 있게 할 말을 하는 게 더 중요하다'라는 포인트의 연장선상에서 팁을 하나 공유하려고 해요. 중국인 손님이나 동료와 함께 식사 자리에서 주도권을 잡는 방법입니다.

비공식 석상의 대화에
한 발 들여놓기

다시 한 번 강조하지만, 중국 사람들과 모이는 자리에서는 그들 사이의 대화가 잘 안 들린다고 해서 당황하거나 기죽지 마세요. 너무나 당연한 거예요. 공식 석상이 아니라 비공식 석상에서 더 빨라지는 게 그들의 말하는 방식이니까요.

오히려 그럴수록 자신이 잘 말할 수 있는 익숙한 주제로 대화를 전환시켜 하고 싶은 말을 자유롭게 하면 된답니다! 먼저 식사 자리는 듣기 연습을 하는 시간이 아니라 말하기 연습을 하는 시간이라는 것을 명심하세요.

앞서 말한 것처럼 저도 이 부분이 참 힘들었어요. 이놈의 (완벽하지 못한) 완벽주의적 성향 때문인지… 오가는 대화의 내용을 완벽하게 이해하지 못하는데, 그런 자리에 뭐하러 참석하나 싶었죠. 그런 자리에 참석하면 얻을 게 정말 많은데도 말이에요.

이런 제 생각이 완전히 바뀐 계기가 있었어요. '방콕' 하던 저를 방에서 끌어내준 친구가 있었는데, 혼자 카페에서 공부하다가 이야기를 나누면서 금세 친해진 친구였어요. (이렇게 일대일 대화는 잘하는데, 여러 명이 같이 있으면 뭔가 무섭더라고요.)

어느 날 그 친구의 손에 이끌려 홈파티에 갔어요. 원탁 테이블에 둘러앉아 식사하면서 대화를 하는데, 저는 여전히 입도 떼지 못하고 있었어요. 내용의 흐름이 머릿속에 바로바로 입력이 안되니 대화 중간에 끼어들기가 힘들었죠. 그런데 이야기를 나누다가 갑자기 대화가 끊긴 거예요. 순간 정적이 흘렀어요.

하필 제가 여러 사람이 같이 있는 자리에서 침묵이 흐르는 걸 못 견뎌요. 정적을 무조건 깨야 한다는 이유 없는 의무감(?)을 느끼는 그런 성향 아시죠? 중국어가 완벽하지 않아서 부끄러운 것보다 대화를 이어나가야 한다는 욕구가 더 컸다고나 할까요. 그 30초 사이에 입을 뗄까 말까 100번쯤 고민하다가 이렇게 말을 시작했어요.

"얘들아! 그거 알아? 요번에 〈별에서 온 그대〉의 김수현 있잖아…."

여성의 비율이 압도적으로 많았기 때문에 나름 신경 써서 고른 주제였습니다. 그때 저는 두 가지 사실을 깨달았어요. 첫째는 생각보다 말이 잘 나온다는 것, 둘째는 중국인 친구들이 잘 들어준다는 것. 게다가 외국인인 제가 시작한 토픽이라 그런지 다들 훨씬 천천히 (또는 정상적인 속도로) 대화를 이어나가더군요. 10분 동안 김수현 이야기를 한 것 같아요. 개인적으로 배우 김수현의 팬이라고 할 순 없지만, 그 순간만큼은 정말 고마웠어요. 이렇게 자신감을 얻은 저는 그 뒤로 식사가 끝나기 전까지 한 번 더 이런 식으로 먼저 화제를 던졌어요.

식사 자리에서
딱 3번의 기회를 노려라

그때부터는 기회가 있을 때마다 식사 자리에 꼭 참석했어요. 대신 그 전날 밤에 준비를 하는 거죠.

'내일은 어떤 이야기를 꺼내 볼까….'

더도 말고 덜도 말고 딱 세 가지 이야깃거리를 골라 어떤 말을 할지 중국어로 미리 준비해 보세요. 제가 주로 써먹는 카드가 몇 개 있는데, 하나는 별자리예요. 우리나라 사람이 혈액형을 가지고 이야기하는 걸 재밌어 하듯이 중국인은 별자리로 성격 판단하는 걸 정말 좋아하거든요. 별자리 이야기를 꺼내면 그 자리의 모든 사람을 대화에 참여시킬 수 있어요. 동시에 제가 중국 문화를 잘 이해한다는 인상을 심어줄 수도 있고요. 물론 전날 별자리의 명칭 정도는 외워 가야 하겠지만요. (웃음)

또 하나는 한국 관련 토픽이에요. 한류 드라마도 좋고, 한국 브랜드도 좋아요. 특히 중국인이 선호하는 브랜드인데 우리나라 사람만 아는 재밌는 비하인드 스토리를 들려주면 엄청 관심을 갖고 듣더라고요. 이렇게 미리 준비한 이야기로 식사 시간에 3번 정도만 대화를 이끌어나간다면 그 자리의 주인공은 여러분이 될 겁니다.

저는 이렇게 훈련이 되어서 그런지 알리바바에서 인턴할 때도 동료들과의 식사 시간이 참 즐거웠어요. 물론 처음 두세 달은 매일같이 토픽을 준비하느라 잠잘 시간을 쪼갤 수밖에 없었지만, 그만한 가치가 있었으니까요. 사람들이 말하는 걸 다 알아듣는다는 듯한 여유로운 표정을 지으면서 호시탐탐 치고 들어갈 순간을 기다리고 있다가 때가 오면 제가 대화를 주도하는 거죠.

이런 식으로 대화를 이끌어나가는 동안 제 말하기 실력은 가속도가 붙어 빨리 늘었고, 몇 달 뒤에는 더 이상 준비할 필요가 없는 실력이 되어 있었어요. 만약 중국인들 사이에서 여전히 대화에 끼지 못한 채 낑낑대고 있었다면, 아무리 시간이 지나도 제 중국어는 진전이 없었을 거예요.

자, 여러분도 이런 식사 자리가 있다면 걱정하지 말고, 더는 겁먹지 말고 세 가지 이야기만 준비해 참석하세요. 그러다 보면 식사 자리의 대화를 직접 이끌어나가는 것이 결코 꿈은 아닐 거예요.

27

대화를 이어나가려면
어느 정도의 '척'은 필요하다

중국어가 완벽할 수 없다는 사실을 인정하자.
바로 그때 우리는 대화에 더 집중하고
소통을 더 잘하기 위한
추가적인 노력을 하게 된다.

중국어를 공부하면 할수록, 단어를 더 많이 알면 알수록 오히려 중국어 공부의 '끝'이 더 멀게만 느껴집니다. 아이러니하죠. 특히 중국 기업에서 중국인 동료 사이에서 일하다 보면 하루에도 몇 번씩 '중국어 아직 멀었네'라는 생각이 들곤 해요. 그런데 이런 한계를 느껴도 '중국어를 포기해야지'라는 생각이 들거나 좌절했던 적은 한 번도 없어요. 그 이유가 뭘까요?

저는 자신이 외국인임을 철저하게 인정합니다. 외국인으로서 다른 나라의 언어를 구사하는 게 완벽할 수 없다는 사실을 깨끗하게 인정하는 거죠. 그런 것들 때문에 힘들어 하고 주눅 들 시간에 이 언어를 공부하고자 했던 맨 처음 목적, 바로 '소통' 그 자체를 더 잘하기 위해 애씁니다.

그렇다면 중국어가 완벽하지 않은, 아니 영원히 완벽해질 가능성이 없는 우리가 중국인과의 '소통'을 원활하고 자연스럽게 해나갈 수 있는 방법은 무엇일까요?

여기서 저만의 세 가지 비결을 공유하고 싶습니다.

상대를 배려하는
'척' 기술을 익힐 것

모르는 것을 모른다고 솔직히 말하는 것은 아주 중요합니다. 하지만 어느 시점에 '나 못 알아들었어'를 말해야 할지 그 타이밍을 잘 선택하는 것도 중요하다고 생각해요. 즉 원활한 대화를 위해서는 모르는 것을 일단 유보하고 대화를 이어나갈 필요가 있어요. 누군가와 대화할 때 못 알아듣는 말이 나올 때마다 그 뜻을 묻느라 맥이 끊긴다면 대화를 나누는 본래의 목적을 달성하기 어려울 수도 있지 않을까요?

그래서 첫 번째로 어느 정도의 '척'은 필요하다고 생각합니다. 대화 자리가 불편하지 않도록 알아들었다는 듯 행동하는 거죠. 저는 주로 이해하지 못하는 부분이 나오면 단어의 발음을 기억해

폰에 몰래 써놓고 나중에 찾아봅니다. 아니면 대화가 끝난 다음에 다시 물어보기도 하고요. "아까 물어본 게 뭐였어? 나 정확하게는 모르겠어"라고 말이죠.

두 번째는 '맥락에 집중!'입니다.

만약 대화에 나온 특정 단어를 잘 이해하지 못했다고 하더라도 대화의 흐름을 놓쳐선 안 돼요. 대화 도중에 특정 내용을 이해하지 못해 당황하게 되면 흐름까지 놓칠 수 있으니 침착하게 집중해야 합니다.

미리미리
대비할 것

마지막 비결은 '미리 준비하는 것'입니다. 이것보다 특효약은 없어요. 특히 저는 중요한 미팅이 있으면 꼭 미리 공부를 해갑니다. 미팅에서 주로 쓰이는 단어를 리스트업 하고 각각의 발음을 여러 번 들어 봅니다. 그래야 대화 중 언급되었을 때 그게 무엇인지 눈치 채기가 쉬우니까요.

저는 오랫동안 중국어를 공부했어도 외국인이 중국어를 제대로 못 알아듣는 것은 부끄러운 일이 아니라고 생각해요. 대신 중국어로 '소통'하는 것 자체를 어려워한다는 건 문제가 있다고 봅니다. 왜냐면 소통이라는 건 '한계'가 없기 때문이죠. 저는 제 중국어가 완벽하지 못함을 인정했기 때문에 때로는 '척'을 하고, 오가는 대화의 흐름에 집중하고, 더 잘 이해하기 위해 미리 공부하는 추가적인 노력을 합니다. 작은 노력으로도 충분히 극대화할 수 있는 것이 바로 소통 능력이라고 생각하니까요.

28

나만의 머스트(Must)를 만들다

> 다른 사람의 눈을 의식할 수밖에 없는
> 숙제를 자기 자신에게 낸다면
> 나태해지거나 해이해질 수가 없다.

말하는 건 동료들과 식사하면서 연습할 수 있어도 중국어 작문은 할 기회가 거의 없었어요. 이메일을 보낼 때도 대부분 비슷한 문장을 반복해서 쓰니까요. 그래서 작문 실력을 늘리기 위해 풍부한 접속사를 사용해 좀 더 다양한 문장을 구성하는 걸 목표로 정했어요. 이게 익숙해지면 일상적으로 쓰는 문장의 폭이 넓어질 것 같았거든요.

하지만 너무 이상적인 목표였죠. 시간을 다투며 빠르게 돌아가는 업무 속에서 이런 틀을 모두 써먹으면서 문장을 만드는 건 정말 어렵더라고요.

말은 고급스럽게 못 해도
글은 고급스럽게

그래서 중국어 작문을 연습할 수 있는 강제적 틀을 만든 게 바로 주간보고서周报였어요! 중국인 상사에게 가서 "일주일에 한 번씩 그 주에 배운 것을 가지고 보고서를 쓰고 싶은데 한번 읽어봐 줄 수 있어요?"라고 물었더니 흔쾌히 오케이 해주었어요. 미리 준비할 수 있었기 때문에 제 표현 데이터베이스를 총동원하고, 열심히 암기한 고사성어를 마구 집어넣어서 글을 썼죠. 사수는 제 보고서를 보더니 "중국어 실력이 이 정도인 줄 몰랐군. 너무 과소평가했네"라고 하더군요.

말로는 고급스러운 표현을 바로바로 구사하기 어렵지만 글은 준비해서 보여줄 수 있잖아요? 알리바바에서 일하는 동안 총 10편이 넘는 주간보고서를 썼는데, 한 편 한 편에 녹아 들어간 금쪽같은 표현이 점점 '내 것'이 되어가는 걸 느꼈습니다.

잘하고 싶다면
'강제적 틀'을 만들어라

겉으로 보기에는 중국 기업에서 일하면 중국어 실력이 하루가 다르게 팍팍 늘 것 같지만, 최고의 환경이라고 생각되는 곳에서조차 스스로에게 숙제를 내지 않으면 실력을 유지하는 정도밖에 안 된답니다.

특히 상하이는 심해요. 국제적인 도시이다 보니 외국인이 워낙 많아서 중국어 한 마디 쓰지 않고도 생활할 수 있을 정도랍니다. 테크노드의 유채원 기자도 저와 비슷한 생각을 했나 보더라고요. 해외에서 온 창업자를 너무 많이 만나다 보니 생각보다 중국어가 늘지 않더래요. 그래서 스스로에게 숙제를 냈다고 해요. 바로 중국어로 기사를 쓰기로 한 거예요.

원래 영문 기사를 쓰는 포지션인데, 편집장에게 말해 일주일에 한 번은 중문 기사를 쓰겠다고 선포했답니다. 유 기자의 의지를 누가 꺾겠어요. 편집장도 '그래. 한번 해 봐'라는 식으로 허락해줬대요. 이렇게 장치를 만들어놓으니 기사를 쓰기 위해서라도 중국인 창업자를 만나 중국어로 인터뷰를 하게 되더라는 거예요. (영어로 인터뷰하면 중국어로 기사 쓰기가 무척 까다롭거든요!) 그리고 공부한 중국어 문법을 다 가져다 써먹을 수도 있고요. 편집장에게 그렇게까지 밀어붙였으니 하기 싫거나 귀찮을 때도 눈치가 보여 꼭 하게 되고, 독자들이 있으니 엄청 정성을 쏟게 되었다고 하더라고요.

여러분도 이런 식으로 자기 자신에게 숙제를 내보세요. 특히 타인의 눈을 의식할 수밖에 없는 그런 숙제를요. 그럼 좀 더 강제성을 띠게 되어 해이해지기가 어렵잖아요. 지인에게 전화 중국어를 추천했는데, 매일 아침 7시에 수업을 한다고 하더라고요. 아침에 일어나자마자 걸려오는 선생님의 전화를 거절할 수가 없고, 선생님한테 잘 보이고 싶어서 전날 밤에 좋은 문장 서너 개를 외우게 되었다고 해요. 위챗에 매일 세 줄씩 글을 써보겠다는 숙제도 좋아요. 대신 중국인 친구에게 부탁해서 꼭 검사해 달라고 하세요.

"매일 밤 10시에 올리기로 약속할게! 만약 글을 올리지 않으면 네가 꼭 뭐라고 야단쳐 줘"라고 덧붙여 부탁도 하고요.

"함께
일해 보고 싶네요"

자신이 중국어 구사 능력이 있다는 것을
가능한 한 여기저기에 알려야 한다.
이런 식으로 기회를 만들어줄 토양을
미리 다져놓는 것이다.

중국의 유명 벤처캐피털 고비 파트너스Gobi Partners의 파트너
케이목쿠Kay Mok Ku가 제게 회신한 이메일에는 이런 문장이 있었
어요.

"这是我收到的邮件之中最让我感动的一件。"
내가 받아 본 이메일 중 가장 감동적이었어요.

케이목쿠가 감동이었다고 하니 제가 더 감동이었죠. 그는 제
가 테크노드에서 기자로 일할 때 만난 사람 가운데 한 명이었어

요. 테크크런치 베이징 행사의 연사로 초청된 그에게 인터뷰를 요청했던 것이 인연의 시작이었죠. 그의 푸근한 인상과 친근함 덕분에 인터뷰하는 내내 즐거웠어요. 그리고 돌아와서 그에게 이메일을 썼습니다. 제가 어떤 사람인지, 어떤 분야에 관심이 있으며, 어떤 것을 잘하는지 등 한 마디로 제 스토리를 적어 그에게 보냈어요. 그동안 차곡차곡 모아둔 주옥같은 표현을 여기저기 써먹으려다 보니 참 많은 이야기를 담아 보냈던 것 같아요.

케이목쿠는 제 스토리가 참으로 인상 깊었나 봅니다. 그렇다고 저의 중국어가 완벽했던 것은 당연히 아니었어요. 제가 보낸 이메일에는 특정 문맥에서 중국어로 어떤 단어를 써야 할지 몰라 그냥 영어 단어를 쓴 곳이 꽤 많았거든요. 그런데 그는 그걸 보고 영어와 중국어를 둘 다 하는 싱가포르 사람이 중국어를 쓰는 방식과 같다면서 제 중국어에 '싱가포리안Singaporian 만다린'이라는 별칭을 붙여주기까지 했어요.

그의 이메일 회신 끝자락에는 다음과 같은 내용이 적혀 있었습니다.

"혹시 벤처캐피털리스트에 관심이 있나요? 성향이 잘 맞을 것 같은데… 관심이 있으면 이야기해줘요. 함께 일해 보고 싶네요."

자, 왜 적극적으로 자신을 알려야 하는지 이해되었나요?

중국어를 할 수 있음을
널리 알려라

자기 PR 시간은 따로 주어지는 게 아닙니다. 어디서나 새로운 사람을 만나면 자신을 소개할 준비가 되어 있어야 해요. 그리고 그런 기회가 왔을 때 한껏 자신의 능력을 뽐내 보세요.

저는 상하이에서 열리는 네트워킹 행사는 거의 빼놓지 않고 다녔어요. 그리고 그곳에서 만난 사람들에게 적극적으로 다가가고 궁금한 것은 질문했습니다. 새로운 사람을 만나면 꼭 명함을 받고 그날 밤 이메일을 통해 정식으로 제 소개를 하는 것이 자신을 PR하는 하나의 루틴이 되었어요. 제가 스스로를 소개할 때 큰 부분을 차지하는 것이 바로 중국어 실력이고, 그걸 최대한 효과적으로 드러내기 위해 필요한 표현을 모아 저만의 데이터베이스를 만들어놓았습니다. 그리고 미팅이나 인터뷰, 이메일 등 다양한 방법을 통해 널리 알렸습니다.

가장 간단하면서 지금 바로 시작할 수 있는 방법을 알려줄게요. 바로 위챗을 사용하는 거예요. 메신저 앱으로 어떻게 자기 PR를 하냐고요? 위챗 안에는 채팅뿐 아니라 짧은 글을 쓰거나 사진을 올리는 모멘트(Moments, 朋友圈)라는 공간이 있어요. 그리고 자신의 위챗 친구들이 올린 포스팅을 한 번에 모아놓고 보는 피드도 있고요. 우리가 페이스북 타임라인을 하루에도 몇 번씩 들어가는 것처럼 중국인도 위챗 모멘트에 자주 들어가 친구들과 소통하고 있어요. 또한 새로운 사람을 만나면 페이스북 친구를 추가하고 습관적으로 그 사람의 타임라인을 훑어보며 어떤 사람인지 알아보곤 하는데, 중국인에게는 바로 위챗이 그런 역할을 해요. 새로운 사람을 만나면 대부분 위챗 친구 추가를 하고, 상대방의 모멘트를 훑어봐요. 이처럼 위챗의 이 모멘트 공간은 상대방에게 자신에 대한 첫인상을 남기고, 자신을 알리기 위한 최적의 공간이에요. 그러니 위챗에 꾸준히 글과 사진을 올리면서 자신에 대한 스토리텔링을 해보면 어떨까요? 자신의 관심사가 무엇이고, 뭘 배우고 있는지 등등. 물론 가급적 중국어로 써야겠죠!

이렇게 준비해놓으면 나중에 누구를 만나든 간에 위챗 친구 추가로 '이 사람은 중국, 중국 문화를 알고 싶어 하는구나'라는 인상을 심어줄 수 있어요. 적은 노력으로 기회를 발굴할 토양을 다져놓는 거죠.

6장

시간이
없다는 핑계는
이제 그만!

짬짬이 놀면서 혼자 하는
1일 1학습

내 중국어 선생님은 알리바바 마윈

제가 페이스북을 통해 구독하고 있는 페이지가 있는데, 바로 〈유재석의 차이나와바리〉예요. 과거 기자 시절에 알리바바 그룹의 마윈 회장을 직접 인터뷰했다는 이색 이력을 가진 재석님은 매일매일 중국 IT 시장의 소식을 페이지를 통해 전달하고 있어요.

그런데 그가 이 페이지를 시작하게 된 계기가 뭔지 아세요? 바로 마윈의 주옥같은 말들을 적기 위해서였다고 해요. 마윈은 중국에서 '명언 제조기'라 불릴 정도로 멋진 말을 하기로 유명하죠. 재석님은 알리바바 기업을 일군 창업자의 어록을 기록하면서 중국 시장에 대한 공부와 중국어 공부, 이 두 마리 토끼를 잡으려고 했던 겁니다.

다음은 마윈 회장의 어록 가운데 기억에 남는 문장인데, 기업이 혁신해야 하는 시기가 언제인지를 묻는 질문에 대한 마윈의 대답 가운데 나온 말입니다.

- 创新是被逼出来的。

  혁신은 막다른 곳에서 나온다.

- 今天许多企业争取解决的是今天的问题, 昨天的问题, 而不是
  考虑如何解决明天的问题。我希望大家能够站在前瞻性这个角
  度去思考, 假设你在10年前, 有什么事让你觉得做了会不一样,
  那么同样的, 如今企业必须去做什么事情, 才能在10年以后活
  很更好。

  오늘날 수많은 기업이 오늘과 어제의 문제를 해결하기 위해 달려
  드는데 내일의 문제를 어떻게 해결할 것인지 고민하지 못하고 있
  습니다. 저는 모두가 전망하는 관점에서 생각하기를 바랍니다.
  10년 전 가정한, 당신이 그 당시에 생각했던 것과 지금의 모습은
  다릅니다. 같은 의미에서 오늘날 기업이 반드시 해야 하는 일을
  고민해야만 10년 후에 더 나은 상황을 만들 수 있습니다.

- 阳光灿烂的日子修理屋顶。

  빛이 찬란한 시기에 옥상을 고친다.

더도 말고 덜도 말고 딱 한 문장만 골라 그 문장의 핵심 키워드가
무엇인지, 어떤 용법으로 썼는지, 어쩌면 이토록 세련된 문장을 쓸

수 있는지 곱씹어 보는 겁니다. 그러다 보면 자연스럽게 단어와 문법, 작문 공부를 동시에 할 수 있어서 웬만한 참고서보다 더 유익할 거예요.

문장의 퀄리티를 높여라

사실 더 좋은 점은 이 어록이 향후 써먹기가 참 좋다는 것입니다. 의미를 정확하게 파악한 중국어 명문장은 자신의 메시지를 전달하려고 할 때 요긴하게 쓰입니다. 갑자기 퀄리티가 확 높아지죠. 예를 들면 중요한 투자자를 설득하는 이메일을 보낼 때, 잠재적 동업자에게 창업을 제안할 때, 중국인 손님들과의 식사 자리에서 대화를 이끌어나갈 때 이 문장을 쓴다면 강한 인상을 남길 수 있을 거예요. 다른 사람도 아니고, 소위 '흙수저'에서 자수성가하여 중국의 IT 시장을 이끌고 있는 중국인의 우상 같은 존재 마윈 회장의 말이라면 더더욱 그럴 거예요.

이처럼 중국어 공부의 소재는 멀리서 찾을 필요가 없습니다. 거창하게 계획을 세우지 않고도 일상생활에서 쉽게 공부할 수 있는 방법은 많아요. 다만 자신에게 맞는 그것 하나만 찾으면 됩니다.

30

어플 두 개로 하는
'가성비 갑 공부법'

우리에게 필요한 건 '최고'가 아니라 '최선'이다.
시간과 비용 부담을 최소화하고
바로 써먹을 수 있는 공부법,
'가성비 갑인 공부법'을 찾아야 한다.

"너 중국어 공부 어떻게 해? 학원 다니는 거야? 학원이나 문제집 좀 추천해줘!"

추천을 해주고 싶은 마음이야 굴뚝같지만, 어쩌죠? 추천할 게 없어요. 어학연수와 인턴 생활 이후부터 지금까지 제 중국어 공부 교재도 선생님도 연습장도 다 위챗WeChat과 요우쿠Youku, 제 스마트폰 홈화면에 자리 잡은 이 두 앱뿐이니까요.

> 위챗 = 카카오톡 + 페이스북 + 구글
>
> 요우쿠 = 유튜브

한 마디로 말하면 위챗은 사적인 메신저 기능의 카카오톡에 친구들의 소식이나 친구들이 공유한 링크를 보게 되는 기능의 타임라인Timeline과 관심사를 꾸준하게 구독할 수 있는 페이지Page 기능의 페이스북, 더 나아가서 어떤 키워드를 검색해 볼 수 있는 기능의 구글을 더한 결합 버전입니다. 그리고 요우쿠는 중국의 최대 영상 플랫폼으로 중국의 드라마와 영화, 개인이 올리는 다양한 영상이 담긴 유튜브의 '업그레이드' 버전 정도 되겠네요.

여기서 잠깐, 우리의 일상을 살펴봅시다. 디지털 시대를 사는 우리는 도서관에서 책을 빌려 보거나 아침에 신문을 배달 받아 읽는 대신에 스마트폰이나 노트북으로 모든 걸 해결합니다. 기사가 되었든, 칼럼이 되었든, 영상이 되었든 어떤 정보를 접하는 건 주로 페이스북과 유튜브, 가끔씩 구글 이 세 가지로 귀결되죠. 저 역시 그래요.

콘텐츠를 소비하는 방식은 이렇게 바뀌었는데, 왜 공부에 있어서는 아직까지 무조건 학원을 다녀야 하고 꼭 참고서를 사서 밑줄을 그어 가면서 공부해야만 하는 걸까요? 거기에 딸려오는 재미없는 녹음 테이프를 들으면서요.

위챗,
요우쿠만 있으면 돼!

스스로 스마트폰 중독자임을 인정하는 저는 중국어 공부도 스마트폰으로 해결합니다. 단지 페이스북, 구글, 유튜브가 안 되는 중국에서는 그게 위챗과 요우쿠로 대체되었을 뿐이죠. 중국어로 된 글을 꾸준히 읽고 싶을 때 구체적으로 어떻게 활용해야 하는지 알려드릴게요!

첫 번째, 독해 실력: 중국어 글을 꾸준하게 읽고 싶다.

위챗 안에 공중계정(公众号)이라는 기능이 있는데, 한 마디로 페이스북의 '페이지'와 같은 겁니다. 구독해놓으면 매일 새로운 글을 받아 볼 수 있어요.

두 번째, 말하기 실력: 자신이 말하고 싶을 만한 표현이 들어간 영상을 반복 시청하고 나서 직접 말해 보고 싶다.

요우쿠에서 다운로드 받아놓은 드라마를 틀어놓고 듣는 거죠. 하루에 한 시간씩 대중교통으로 이동한다면 일주일이면 7시간, 한 달이면 28시간이나 되더라고요. 그냥 앱으로 영상을 튼 채 듣고 따라하는 것만으로도 듣기 연습과 회화 연습을 동시에 할 수 있어요.

세 번째, 쓰기 실력: 좋은 문장을 자주 보고, 좋은 문장을 직접 써보고 싶다.

사실 시간에 쫓겨 바쁘게 지내다 보면 따로 시간을 내어 쓰기 공부를 한다는 것이 쉽지 않습니다. 그럴 때는 별다른 생각하지 말고, 폰 안에 위챗 앱을 켜고 위챗 모멘트에다 아주 간단하게 하루에 하나씩 또는 사흘에 하나씩 포스팅을 올리면 됩니다. 그리고 중국인 친구들에게 자신이 올린 포스팅으로 피드백도 받을 수 있어요! 한 달이면 수십 개의 포스팅이 될 거고 6개월이면 수백 개가 되겠죠. 나중에 다시 보면 '중국어 글쓰기를 이렇게 잘했던가!'라는 생각이 들 겁니다.

물론 이렇게 공부하는 게 '최고'는 아닐 수 있어요. 학원에 다니고, 선생님의 강의를 듣는 것이 더 좋을 수도 있겠죠. 하지만 우리에게 필요한 건 '최고'가 아니라 '최선' 아닌가요? 시간을 내기도 어렵고 비용도 부담이 되고요. 저도 그래요. 무엇보다 바로바로 써먹을 수 있는 것이 최고예요. 더 좋은 건 중국 앱스토어에서 일일이 앱을 깔지 않고 위챗 앱 하나로 다 해결할 수 있다는 점이죠.

31

자신에게 딱 맞는
콘텐츠를 찾았을 때!

중국 프로그램 가운데
자신의 관심 분야와 똑 맞아떨어지는
'인생' 프로그램이 하나쯤 있다면 어떨까?

우리나라 TV 프로그램 중에서도 취향에 따라 즐겨 보는 특정 프로그램이 있는 것처럼, 중국 프로그램 중에서도 꾸준히 볼 만큼 자신의 흥미 분야와 잘 맞는 프로그램 몇 개를 딱 정해서 봐야 합니다. 중국인들이 하는 것처럼 말이죠. 자, 그럼 이제 자신에게 잘 맞는 콘텐츠를 골라 볼까요?

가장 먼저 어디서 자신에게 딱 맞는 프로그램을 찾을 것인가 정하는 게 중요하겠죠.

요우쿠에서
영상자료 찾는 법

꼭 TV가 아니더라도 인터넷으로 정말 풍부한 콘텐츠를 즐길 수 있어요. 그것도 무료로! 중국어 공부를 할 때 시청각 자료를 활용하기 좋은 이유이기도 하죠. 우리 입장에서는 다 볼 필요가 없고, 깔끔하게 요우쿠 동영상 플랫폼 안에서 제공하는 콘텐츠만 들여다봐도 충분해요! 제가 지금부터 추천하는 모든 자료는 요우쿠에서 찾아볼 수 있답니다. 인터넷 주소창에 http://www.youku.com를 치고 들어가 제가 추천한 프로그램을 검색창에 입력해 검색하는 방법이 있어요. (혹은 스마트폰/태블릿으로 youku 어플을 다운 받아도 됩니다.) 다른 프로그램을 더 찾아보고 싶으면, 다음 카테고리에서 관심 있는 분야를 눌러 들어가면 됩니다.

드라마의 경우에는 사람마다 취향이 다르기 때문에 들어가서 자신이 보고 싶은 것으로 골라 보길 바랍니다. 중국 드라마는 사극밖에 없다고 생각하는 사람이 있을 거예요. 직접 보면 알겠지만, 요즘은 중국 드라마 산업이 발전해서 정말 '고퀄'에 재밌는 게 많답니다. 그리고 모든 영상에는 중국어 자막이 있어 표현을 받아 적기에 매우 편해요.

중국어라고 해서 어떤 시청각 자료나 다 도움이 되는 건 아니에요. 자신의 현 수준과 목표에 딱 맞는 자료를 신중하게 선택해서 공부해야지만 비로소 최적의 효과를 낼 수 있어요. 이 말은 자신이 당장 써먹을 수 있는 문장이 가장 많이 들어 있는 콘텐츠를 선택하라는 겁니다.

자신에게 꼭 맞는
콘텐츠란

첫 번째 고려사항은 '난이도가 자기 수준에 맞는가' 하는 것입니다.

결정하는 데 있어 고려해야 하는 첫 번째는 결국 수준이에요. 너무 어려운 표현이 많은 자료는 별 도움이 안 됩니다. 수준에 따라 어떤 종류의 시청각 자료를 볼 것인지가 달라져요.

두 번째는 꾸준히 보고 싶을 정도로 '얼마나 자신에게 흥미 있는 주제인가' 하는 것입니다.

저도 처음에는 '인생' 프로그램을 찾겠다고 우리나라 인터넷 검색 사이트에서 '중국 TV 프로그램 추천' '중국 드라마 추천'을 검색했어요. 하지만 남의 블로그에 언급된 프로그램은 제 취향이 아니다 보니 첫 회만 보고 그만두게 되더라고요. 그래서 '그냥 내가 찾아보자'라는 생각으로 요우쿠 검색창에 '科技技术(과학기술)' '创业(창업, 스타트업)'라는 검색어를 쳤습니다. 이렇게 해서 찾은 프로그램이 〈创业分子chuàng yè fēn zǐ〉와 〈新城商业xīn chéng shāng yè〉예요. 〈创业分子〉는 중국의 창업자들을 재미있게 인터뷰하는 프로그램이고, 〈新城商业〉는 가상현실과 인공지능 등 최신 기술이 세상을 바꾸는 혁신을 주제로 한 프로그램이에요. 이 두 프로그램을 찾아내고 뿌듯하고 기쁜 마음에 "유레카!"를 외쳤어요.

신기술과 스타트업이라는 제 관심사를 충족해주면서도 인터뷰 형식이 지루하지 않아서 지금도 즐겨 보고 있습니다. 매주 한 번 업데이트 되는 영상을 기다릴 정도로요.

관심사와 공부를
연결시켜라

마지막으로 중요한 것은 '중국어 공부를 그만둬도 계속 보게 될까?' 하는 것입니다. 앞으로 2년 동안 붙잡고 있어야 할 프로그램인데, 중국어 공부가 목적이 아니면 절대 보지 않을 것 같은 재미없는 프로그램이라면 지속하기가 어려울 거예요. 앞서 말한 두 프로그램을 지금까지 계속 돌려 보는 것은 여기에 나오는 중국 스타트업의 비즈니스 모델이 일적으로도 영감을 주기 때문입니다. 안 그래도 바쁜 와중에 시간을 쪼개어 보는 건데, 이왕이면 자신에게 딱 맞는 프로그램을 제대로 골라야 하겠죠? 시간이 좀 걸리더라도 직접 찾아보는 게 가장 좋아요.

또한 13억 인구대국인 중국 시장의 수많은 콘텐츠를 직접 탐색해 보는 것도 재미있을 거예요. 패션과 뷰티에 관심 있다면 時尚(유행), 美妆(메이크업) 등 키워드를 쳐서 검색하고 여행을 좋아하거나 맛있는 음식을 사랑하는 미식가라면 旅行(여행)이나 旅游(관광), 美食(미식)를 검색하면 됩니다. '이건 내 스타일이야!'라는 느낌이 드는 프로그램을 만날 때까지 말이에요.

그럼 이제부터 자신의 관심사와 맞아떨어지는 프로그램을 찾기 위해 중국 사이트를 검색해 볼까요?

32

바로 써먹는
회화 비법 노트

중국 드라마를 보면서
나중에 써먹고 싶은 문장을
직접 노트에 적어 보는 건 어떨까?

"회화를 더 잘하고 싶은데…어떻게 해야 할까?"

"혹시 회화 참고서로 공부하고 있어요?《주요 표현 100선》뭐 이런

거요."

"흠…서점 가서 비슷한 걸 두 권 샀어, 예전에."

"그 안에 있는 표현 가운데 하나라도 써먹어 본 적이 있어요?"

"아…니!"

공부하면서 불안하다는 생각이 들 때 가장 먼저 하는 행동이

무엇일까요? 바로 서점에 가서 책을 과소비하는 겁니다. 하지만

그건 진짜 도움이 안 돼요. 18,000원짜리 책을 몇 권 살 돈으로 2,000원짜리 노트를 사고 인터넷에 돌아다니는 영상 자료를 보면서 자기 손으로 직접 문장이나 단어를 적는 게 훨씬 더 효과적이니까요. 정말이냐고요? 네, 정말이에요.

아이러니하게도 중국어 말하기 실력을 향상시키기 위해 가장 먼저 할 일이 바로 회화책을 던져버리는 겁니다. 조금 더 구체적으로 왜 그런지 설명할게요. 먼저 말하기를 연습하는 방식을 두 가지로 나누겠습니다.

첫 번째 방법은 적혀 있는 문장을 자신이 보고(또는 듣고) 말하기를 해보는 방식이고, 두 번째는 자신이 보고(또는 듣고) 직접 문장을 적은 다음에 말하기를 해보는 방식이에요.

전자는 우리에게 익숙한, 주로 회화 학원을 다니거나 회화 참고서를 사서 읽는 방식이에요. 주입식 교육과 비슷한 방식이라 그리 효과적이지 못하죠. 회화는 그 문장 자체만 중요한 게 아니기 때문입니다. 문장이 사용되는 상황과 분위기, 문장을 쓸 때의 어조가 중요하죠. 따라서 책만 갖고 회화를 공부하면 그 문장이 쓰이는 상황을 고려하지 않고 암기하게 돼서 죽어 있는 문장이 될 수 있습니다. 다시 말해 책에 표현된 문장을 녹음된 상태로 듣는 것은 '상황에 따라 다르게 말하고 들리는 경험'을 할 수 없다는 뜻이죠.

당장
써먹고 싶다면!

그래서 저는 후자의 공부 방식을 추천해요. 자신이 직접 시청각 자료를 보고 들으면서 그 문장이 쓰이는 대화 상황을 온전히 머릿속으로 익히는 거죠. 그리고 '오! 이건 꼭 써먹고 싶은 문장이야!'라는 생각이 들었을 때 그걸 적어 내려가는 겁니다. 자신만의 회화책을 만드는 거죠. 남이 골라서 써준 게 아닌, 자신이 스스로 골라 넣었다는 점이 얼마나 큰 장점으로 작용하는지 실전 상황이 되면 느끼게 될 거예요!

중국 드라마를 보면서 그 장면에, 그 주인공에 자신의 감정을 이입해 봅니다. 그리고 그 문장을 자신이 쓴다고 생각해 보는 겁니다. 사실 꼭 드라마를 볼 때뿐 아니라 HSK 문제집을 풀다가 발견한 문장 중에서, 단어 예문을 보다가 마주친 문장 중에서 자신이 '써먹어 보고 싶은' 표현이 있다면 자신만의 회화 비법 노트를 꺼내서 쓱쓱 적어놓는 거예요.

이 비법 노트는 언제 어디서나 꺼내 채워넣어야 하니 주머니 안에 넣을 수 있을 정도의 작고 가벼운 사이즈의 노트로 준비해주세요! 지하철이나 버스에서도 꺼내서 읽을 수 있어야 하니까요.

노트를 만들 때는 두 가지 원칙이 있어요. 첫 번째는 바로 써먹을 수 있을 만한 실용적인 문장이어야 한다는 점이고, 두 번째는 드라마 안에서 그 문장이 나왔던 그 장면 전체를 머릿속에 담아야 한다는 점이에요. 똑같은 문장도 그것이 쓰인 상황과 분위기에 따라 다르게 느껴진다는 거 아시죠? 어차피 이 노트는 자신만 보는 거예요. 그러니 그 장면의 분위기를 있는 그대로 노트 안에 담아도 됩니다.

아래 사진은 제가 만든 회화 노트예요. 맨 윗줄에 "你怎么也来 图书馆看书啦?"라는 문장이 노트에 적혀 있네요. 다 아는 문법 이고, 모르는 단어도 없어요. 하지만 제가 이걸 적은 이유는 '상 대방이 이렇게 할 줄 몰랐다는 어조'로 말할 때 이 표현이 딱 맞 아떨어지기 때문이에요. 저 문장을 적었던 게 벌써 3년 전인데,

아직까지도 생생하게 기억이 나요.

이 문장은 드라마 〈爱情是从告白开始的(애정시종고백개시적)〉에서 나온 표현이에요. 여주인공이 도서관에서 기말고사 공부를 하고 있는데, 썸을 타고 있던 남자 주인공이 아주 늦은 시간에 여자 주인공을 찾으러 도서관에 오죠. 남자 주인공은 평소 도서관에 올 만큼 성실한 학생이 아니었기 때문에 여자 주인공은 이 남자를 보자마자 놀란 표정으로 "아니, 네가 어쩐 일로 도서관엘 다 왔어?"라는 식의 뉘앙스로 이 대사를 합니다. 제 기억력이 좋은 편은 아닌데, 그 순간 이 장면에 몰입해 주인공한테 감정이입을 하고 있었기 때문에 그 주인공이 말한 문장이 제 머릿속에 콕 박혀버렸죠!

영어 공부를 할 때 미국 드라마를 보는 사람들은 제 마음을 이해할 거예요. 이상하게 미국 드라마를 보면 갑자기 영어를 잘하는 것 같다는 느낌이 들어요. 그 이유는 나중에 비슷한 상황에서 이 표현을 써먹을 수 있을 거라고 생각하기 때문입니다.

물론 기존 회화책을 사서 보는 것보다는 시간이나 노력이 조금 더 필요해요. 직접 적고 생각해야 하니까요. 하지만 제가 장담할게요! 회화책에 선별된 문장 리스트를 백날 들여다봐도 그걸 우리 입으로 써먹을 확률이 1% 정도인 반면에 자신이 직접 고른 문

장 리스트는 일주일만 복습해도 바로 써먹을 확률이 30% 이상
이에요. 약간의 인풋을 추가해서 훨씬 큰 아웃풋을 낼 수 있으니
해볼 만하겠죠?

알리바바에서
가장 도움이 되었던 보물 1호

회화 노트를 처음 만들기 시작한 건 어학연수를 할 때였어
요. HSK 5, 6급 시험이 연달아 잡혀 있었지만, 매일 밤 9시부터
11시까지는 중국 드라마를 보면서 회화 노트 적는 시간이었어
요. 당시 제 룸메이트한테 "노트 만들어봤자 그 문장을 언제 써
먹겠어. 그럴 시간에 HSK 6급 공부를 더하지 그래"라는 핀잔을
종종 듣곤 했죠. 하지만 저한테는 이 노트가 눈앞에 닥친 시험을
준비하는 것보다 더 중요했답니다. 왜냐고요? 제가 중국어를 공
부하는 이유는 HSK 시험에 합격하기 위해서가 아니라 중국이라
는 무대에 진출하기 위해서였으니까요! 지금 당장 HSK시험에
도움이 되진 않겠지만, 향후 중국에서의 커리어, 중국에서 비즈
니스를 할 때 이 정도의 표현조차 쓰지 못한다면 너무 슬플 것 같
았거든요.

다행히도 제 믿음은 곧 현실이 되었어요. 실제로 하나하나 쌓

아 나간 이 회화 노트가 제대로 빛을 발한 게 바로 알리바바에서
인턴으로 일할 때였으니까요.

[스케줄러]

...

밤 11시: 퇴근, 집으로 귀가

밤 12시: 씻기, 잠옷으로 갈아입기

밤 12시 30분: 공부 시작, 드라마 〈欢乐颂(환락송)〉 20분 시청

새벽 1시: 드라마 표현 정리

새벽 2시: 회화 노트 1권 복습하기

취침

알리바바에서 인턴으로 일하던 시기의 제 스케줄러에 적혀 있
던 것입니다. 매일 밤 집에 돌아오자마자 새벽을 함께한 것은 중
국어 인강도 아니고 큼지막한 문제집도 아니고 바로 제 스마트폰
과 스마트폰보다 작은 노트들이었어요. 먼저 폰에서 요우쿠 앱
을 켜서 제가 좋아하는 중국 드라마 〈欢乐颂(환락송)〉을 봅니다.
몰입하면서 중국어 말하기의 '감'을 살리는 거죠. 그런 다음 회화
노트를 꺼내 써먹고 싶은 표현을 적어 내려가는 거예요.

어떤 표현을 적느냐고요? 기준은 딱 하나예요.

동료들과 점심 먹으러 가는 길에, 점심 먹으면서 대화를 나눌 때, 회의에 따라갔다가 오는 길에 상사와 이야기를 나눌 때 등 당장 '내일' 입 밖으로 나왔으면 좋겠다고 생각되는 표현을 적습니다.

이렇게 회화 노트를 몇 번 반복해 보고 나면 다음날 하루 종일 기분이 좋아요. 말이 술술 나오니까요. 매일 늦게 자서 오는 피로보다 중국인 사이에서 주옥같은 표현을 제 입으로 내뱉을 때의 그 통쾌함이 훨씬 컸어요.

물론 처음 드라마를 볼 때는 잘 들리지 않아요. 그러니 처음부터 모든 걸 적으려고 하지 말고 그냥 들으세요. 잠자코 듣다 보면 어느 날 귀가 뚫렸다는 걸 깨닫게 될 거예요.

33

중국 드라마
한 편이면 충분해

중국인이 쓸 법한 실전적 표현을 익히고,
'중국인스러운' 말투와 뉘앙스를 익히고,
중국인의 일상 대화가 귀에 들리는 연습에는
중국 드라마만한 게 없다.

중국 드라마를 보는 것은 중국어 공부, 특히 말하기 연습에 큰 도움이 되는 공부 방법입니다. 하지만 중국 드라마를 중국어 실력을 키우는 데 도움이 되게끔 활용하기 위해서는 딱 한 편만 봐야 합니다. 이게 무슨 역설적인 이야기냐고요!

우리가 중국 드라마를 활용하는 전략은 '얕고 넓게'가 아니라 '깊고 좁게'입니다. 다시 말해 여러 드라마를 '공부 없이' 보는 게 아니라 하나의 드라마가 머릿속에 그려질 정도로 반복해서 봐야 합니다. 그래야만 드라마 속의 인물들이 쓰는 표현을 우리 입으로 내뱉을 수 있어요. 중국 드라마를 여러 편 봤다고 하는 사람 가운데서 중국어 말하기를 잘하는 사람을 본 적이 없다면 믿어지나요?

자료는 미니멀하게!
하지만 꼭꼭 씹어라

제가 운영하는 '중국어 표현 BEST'라는 페이스북 페이지가 있습니다. 중국 드라마에서 발췌한 아주 자연스럽고, 중국인만 알 것 같은 주옥같은 표현이 나오는 장면을 자막과 함께 캡처해서 제 설명을 덧붙여 글을 올립니다. 그런데 이 페이지를 꾸준히 구독해 온 사람은 아마 눈치 챘을 겁니다. 장면 속 인물이 반복된다는 것을 말이죠. 그건 제가 딱 하나의 드라마(제 인생 드라마)만 가지고 표현을 올리기 때문이에요. 다른 드라마는 전혀 없어요. (물론 중국 드라마는 한 편당 거의 40회에 육박할 만큼 회차가 길다는 점도 한몫합니다.)

그럼, 지금부터 이 핵심 조건을 바탕으로 드라마 공부법을 구체적으로 소개하도록 할게요.

첫째, 주인공에게 감정이입을 해야 합니다. 드라마에는 등장인물이 많아 그들의 대사를 단번에 이해하는 것은 불가능해요. 그러므로 주인공 가운데 가장 마음에 드는 사람을 정해 그 인물에 집중하는 거예요. 대사의 산더미 속에서 그 인물의 대사를 주의 깊게 들으면서 자신이 그 주인공이고, 그 대사를 말하는 것이 자신이라고 생각하는 거죠. 감정이입을 하면 구체적으로 어떤 뉘앙스로, 어떤 상황에서, 어떤 단어와 함께 쓰였는지 등 모든 것이 기억에 남는 엄청난 일이 벌어집니다. 그리고 그런 비슷한 상황에서 그 주인공이 한 말을 자연스럽게 따라하는 기적이 일어납니다.

중국 드라마 〈환락송〉에서는 주인공 曲筱绡(qǔ xiǎo xiāo)가 제 성격과 가장 비슷해서 그녀의 말투를 따라하기 시작했어요. 그 드라마를 돌려 보면서 자신도 모르는 사이에 제 중국어 말투나 표현 방식이 그 주인공을 점점 따라가고 있다는 것을 알게 되었죠. 정말 신기했어요. 이런 식으로 드라마 속 주인공 가운데 한 명을 골라 따라쟁이가 되어 보길 추천합니다!

실제로 써먹고 싶은
문장 중심으로

둘째, 회화 노트는 절대 3권 이상 만들지 않습니다. "과유불급"이라는 말이 있는데, 어느 정도 표현이 쌓이면 그때부터는 새로운 문장을 찾기보다 쌓아놓은 것을 사용하는 데 집중해야 해요. 더 쓰고 싶은 것이 있어도 그만 멈춰야 합니다. 제가 가진 비법 노트는 3권인데, 그 후로 시간이 없어 못 만드는 것이 아니라 일부러 만들지 않았어요. 문장을 쌓아두고 장사할 것도 아니고, 이제는 문장을 습득한 만큼 실제로 써보는 연습이 필요하니까요.

셋째, 문장을 한꺼번에 다 쓰지 말고 여러 번에 걸쳐 씁니다. 중국 드라마 표현을 정리해놓은 블로그를 봐도 대부분 1, 2회까지만 있고 그 뒤는 없습니다. 처음에는 의욕이 넘쳐 한번에 너무 많은 것을 정리하려고 합니다. 예를 들어 1~2화에서 100개 문장을 정리하겠다고 계획을 세우는 거죠. 하지만 그만큼 빨리 지쳐 꾸준히 하기가 어렵습니다. 한 회에 나오는 표현을 한꺼번에 정리하는 게 아니라 한 번에 10개 문장만 정리하는 것으로 계획을 세우는 것이 좋습니다. 대신 그 10개 문장만큼은 한 인물의 입을 통해 나온 것이어야 하고, 당장 내일이라도 써먹고 싶다는 생각이 드는 것이어야 한다는 조건에 부합해야 하겠죠!

34

자투리 시간도
알차게!

어느 정도 수준에 오르면 무리하게
계획을 세우지 않아도 된다.
자투리 시간을 활용해 감각을 유지한다.

텐센트 중국 본사에 다니는 멋진 커리어우먼인 선배가 있어요. 1년에 몇 번 못 만나지만 만날 때마다 선배의 건강하고 탄력 있는 몸에 모두 감탄하곤 하죠. 그래서 한번은 단도직입적으로 물었어요. 텐센트에서 일하면 운동할 시간도 없이 바쁠 것 같은데, 어떻게 관리를 하느냐고 말이죠. 퍼스널트레이닝 수업을 매일매일 한다는 답변을 예상하고 던진 질문인데, 돌아온 답변은 참 심플하더군요.

"아침에 일어나자마자 팔굽혀펴기 20번, 잠자리에 들기 전 팔굽혀펴기 20번, 딱 이것만 해."

하지만 우리말은 끝까지 들어봐야 한다고 했던가요.

"대신 하루도 빠짐없이."

그러고 보니 헬스장에 가서 운동할 시간적 여유가 없다면 전신 운동인 팔굽혀펴기 딱 한 가지만 꾸준히 하라는 말을 어디선가 들은 적이 있었던 것 같아요. 하지만 팔굽혀펴기가 '어떻게' 하는 운동인지 제대로 배우기 위해서는 아마 꽤 오랜 시간을 투자했을 거예요. 운동이든 공부든 한번 배워두면 그때부터는 적당히 매일매일 꾸준하게 하는 것만으로도 비슷한 효과를 낸다는 사실이 중요하겠죠.

중국어 공부도 마찬가지입니다. 중국어를 처음 배울 때는 아무래도 학원을 다니든 인강을 듣든 독학을 하든 꽤나 많은 시간을 투자해야 합니다. 하지만 실력이 어느 정도 수준에 오르고 나면 그때부터는 무리하게 계획을 세우지 않아도 됩니다. 오히려 무리하게 되면 과부하가 걸려 오래 달리지 못하잖아요. 대신! 자투리 시간을 활용해서 어떻게 감각을 유지할 수 있을지를 고민해 봐야 합니다.

중국어를 유지하는
'짬짬이' 시간 활용법

중국어 공부의 '팔굽혀펴기'가 될 자투리 공부법에 무엇이 있을까요? 아직 적당한 방법을 발견하지 못했다면 제가 소개하는 몇 가지 사례를 참고해 중국어 실력을 유지하는 자신만의 방법을 찾아내길 바랍니다.

사례 1 샤워할 때 중국어 드라마 틀어놓기

샤워할 때 노래를 틀어놓고 감정까지 넣어 따라 부르는 사람이 있나요? 저는 노래 대신에 중국 드라마를 틀어놓고 중국어 대사를 따라해 본답니다. 직장을 다니고 이런저런 일이 많아지면서 중국어 공부만을 위한 시간을 따로 내는 게 참 어려워졌어요. 그래서 저는 버스나 지하철로 이동할 때와 샤워할 때는 꼭 중국 드라마를 틀어놓고 봐요. 특히 샤워할 때는 화면을 보지 못하고 소리만 듣기 때문에 듣기 연습을 할 수 있고 따라 말해도 눈치 줄 사람이 없으니, 듣기와 말하기 연습을 동시에 하는 일석이조의 효과를 낼 수 있습니다! 샤워하는 15분, 중국어에 투자하는 게 어때요?

사례 2 페이스북에 하루 한 마디 중국어 올리기

스타트업 업계의 허브인 스타트업 얼라이언스를 이끄는 임정욱 센터장은 2만 명이 넘는 팔로워를 가진 페이스북 인플루언서예요. 그를 팔로우하는 모든 사람은 그의 중국어 공부에 대한 열정을 익히 알고 있을 겁니다. 거의 매일 밤 중국어 한 마디와 꽤나 어려운 중국어 문장을 올리거든요. 중국어 한 마디 포스팅을 볼 때마다 그가 점점 더 어려운 단어로, 점점 더 자연스러운 표현을 시도하는 게 눈에 보여요.

사례 3 중국 당시(당나라 시) 해석하고 암기하기

상하이 총영사관의 정경록 전 상무관은 매일 출근하면 하는 일이 있습니다. 영사관 직원들과 함께 당시를 암송하는 것입니다. 학창 시절 문학 시간에 〈청산별곡〉 등의 시조를 외우듯 중국에서는 학교에서 당시를 외운다고 해요. 그리고 실제로 나이 지긋한 애국심이 강한 공무원 가운데 당시에 대한 남다른 애정을 가지고 있는 경우가 많아요. 그런 사람들이 모인 미팅 자리에서 당시를 술술 읊으면 한국 외교관에 대한 이미지가 달라질 정도라고 합니다. 하루 15분씩 투자해서 중국어 공부도 하고 한중 외교도 증진시키기 위해 애쓰는 모습에 절로 존경스러운 마음이 들더라고요.

사례 4 신문 맨 뒷면의 중국어 한 마디 모으기

여느 때처럼 중국 드라마를 들으며 집에 가고 있는데, 아파트 경비 아저씨께서 저를 부르시더라고요.

"학생, 중국어 잘하나 봐요."

하필 그날 이어폰을 잃어버려 스피커로 드라마를 듣고 있어 중국어 소리가 들렸나 봐요. 그렇게 우연찮은 계기로 저는 아파트 경비 아저씨가 중국어를 공부하신다는 것을 알게 되었어요. 경비실에 들어섰을 때 가장 먼저 눈에 들어온 것이 아저씨의 책상 위에 붙어 있는 신문 조각들이었어요. 뭔가 하고 자세히 보니, 조선일보 마지막 면에 있는 중국어 표현을 모아두신 거였어요. 혹시 매일 신문을 읽는 게 습관인 사람이 있나요? 그럼 신문을 읽는 김에 맨 뒷면의 중국어 섹션에도 눈길을 한번 주는 게 어떨까요? 신문 읽을 때마다 한 마디씩만 머릿속에 담아도 6개월이면 120개 이상의 표현을 익힐 수 있습니다. 그야말로 티끌 모아 태산인 거죠!

사례 5 러닝머신 뛰면서 단어 암기하기

베이징에서 연수할 때 유일하게 '허락된' 여가생활이 헬스장에서 한 시간 반 동안 러닝머신 걷는 것이었습니다. 기름진 식단으

로부터 몸을 지키기 위해 시작한 운동이었지만, 그 시간을 더 생산적으로 보낼 방법이 없을까 고민했어요. 그러던 어느 날 스마트폰에 옮겨둔 단어 녹음 파일을 들었는데 '이거다!' 싶더라고요. 이미 암기한 단어를 보면서 동시에 해당 녹음 파일을 듣는 거죠. 어차피 한번 공부했던 단어라 러닝머신에서 걸으며 발음을 듣고 그 단어가 머릿속에 떠오르는지 확인만 하면 되니까요. 그때부터 제 러닝머신 위에는 중국어 단어를 큼지막하게 프린트한 종이가 몇 장씩 올라와 있답니다.

자투리 시간 활용법, 생각보다 정말 간단하죠! "Simple is the Best!" 굳이 거창할 필요가 있을까요?

이렇게 공부하는 방법이 습관화되려면 딱 3주가 필요하더라고요. 그러니 처음 3주는 이걸 여러분의 계획표에 아예 넣어두세요. 그 시간이 지나면 따로 계획을 세우지 않아도 습관이 되어 당연히 하고 있는 자신의 모습을 발견하게 될 거예요.

35

책을 덮자마자
실행에 옮길 다섯 가지

퇴보하지 않도록 계속 써야 한다.
한국에 있다면 전화 중국어라도 하자.
하루 30분씩만 투자해 어렵게 키운
실력을 유지할 수 있다면 그걸로 충분하다.

이 책을 통해 전달하고 싶었던 것은 단순히 중국어를 어떻게 공부하라는 방법론만은 아닙니다. 자신의 성장을 바라는 사람에게 중국어 실력은 또 하나의 새로운 성장 동력이 될 수 있다는 것, 이 성장 동력이 몇 배 큰 무대에서 활약할 수 있는 발판이 되어줄 수 있다는 메시지를 전달하고 싶었어요. 따라서 이 책을 읽고 나서 단순히 중국어에 도전하고 싶다는 생각만으로 책을 덮어선 절대 안 돼요. 머릿속에 담은 이 생각을 다음 5단계를 통해 실행에 옮겨야 합니다!

- 1단계: 자신이 중국어를 어떤 환경에서 어떤 방식으로 쓰게 될지 상상해 본다.
- 2단계: 중국어를 공부해 어느 정도 활용할 수 있는 수준까지 만들 겠다는 목표를 세운다.
- 3단계: 중국어를 실제 활용하게 될 환경에서 가장 필요하고 중요한 역량을 중심으로 자신에게 최적화된 계획을 세운다.
- 4단계: 단어 노트와 중국어 표현 노트 네 권을 사고, 앱스토어에 들어가 위챗과 요오쿠 앱을 다운로드 한다.
- 5단계: 예를 들어 3개월 뒤 HSK 5급 시험을 신청해놓는 등 강제적 장치를 만든다.

그럼 여기서 이 책 전반에서 소개한 중국어 실력을 늘리기 위한 방법을 다시 한 번 정리해 볼게요. 전체적인 계획이 세워졌다면 중국어의 네 가지 분야를 각 시기별로 어떻게 끌어가야 할지 다시 한 번 계획을 꼼꼼하게 점검해 보기 바랍니다.

- 읽기 능력

초반: 초반에는 단어 공부에 집중하는데, 각 단어마다 예문을 꼭 읽어 본다. 그렇게 문장 단위의 예문을 꾸준히 보는 것

도 읽기 실력을 키우는 데 도움이 된다.

중반: HSK 시험은 읽기 비중이 매우 높다. 시험을 준비하면서 독해 실력을 키운다.

후반: 습관적으로 이동할 때나 심심할 때 위챗 공중계정으로 중국 신문기사 등 중국어로 된 글을 읽는다.

• **듣기능력**

초반: 단어 공부할 때는 녹음 파일 듣는 것을 무조건 병행한다. 각 단어가 어떻게 발음되는지 머릿속에 인상을 남겨야 향후 중국어 듣기에 문제가 없다.

중반: HSK 시험은 듣기 비중이 매우 높다. 시험을 준비하면서 듣기 실력을 키운다. 여기서 중요한 건 꾸준한 반복이다. 듣기는 귀가 뚫릴 때까지 인내심이 필요하다. 게다가 독해보다 더 느린 속도로 향상되는 게 듣기다. 많은 문제집을 사서 문제를 많이 푸는 데 뿌듯함을 느끼지 말고, 문제집 한 권을 여러 번 풀어라. 특히 듣기 부분은 똑같은 걸 계속 반복해 들어야 한다.

후반: 시험에서의 듣기와 현실에서의 듣기는 약간 다를 수 있다. 현실에서 중국인 사이의 대화를 듣고 이해하는 수준

까지 가기 위해서는 중국 시청각 자료를 꼭 활용해야 한다. 단 자신에게 가장 잘 맞는 드라마나 TV 프로그램을 딱 하나만 골라 그것을 반복해 듣는다.

• 쓰기 능력

초반: 작문은 조급해할 필요가 없다. 일단 좋은 표현과 문장을 많이 보고 머릿속에 집어넣는 데 집중한다. 그게 쌓이면 나중에 좋은 문장을 써낼 수 있다.

중반: 주옥같은 표현은 따로 정리해둔다. 어디서 들었든, 어디서 읽었든 상관없이 '나중에 글을 쓸 때 이 표현은 꼭 써봐야지'라는 생각이 드는 문장을 적어놓는다. 그렇게 축적한 표현을 약간씩 수정하여 위챗 모멘트에 하루에 한 문장 정도 올려 본다. 문장이 짧아도 상관없다. 대신 좋은 표현을 선별해서 내용을 바꿔 가면서 올려 본다. 매일 한 문장씩만 올려도 그게 쌓이면 작문 실력의 기반이 된다.

후반: 문장 데이터베이스를 꾸준히 쌓아나간다. 위챗에 올리는 글의 길이도 점차 늘려 본다.

• 말하기 능력

초반: 말을 잘해야 한다는 부담감을 갖지 마라. 입에서 좋은 표현이 나오려면 일단 머릿속에 단어량이 충분히 축적되어야 한다. 그전까지는 아주 간단한 일상회화 정도밖에 할 수 없는 것이 당연하다.

중반: 중국 드라마 안에서 자신과 성격이 가장 비슷한 주인공 한 명을 골라 감정이입을 해보자. 그 인물이 말하는 대사 가운데 써먹고 싶은 문장은 회화 노트에 적는다. 회화 노트는 계속 들고 다니면서 반복해 읽는다. 이때는 교과서 보듯 읽는 게 아니라 그 문장이 쓰였던 상황을 머릿속에 그린다. 언젠가 비슷한 상황이 생기면 자신이 그 주인공이 된 것마냥 그 문장을 말할 수 있을 것이다.

후반: 퇴보하지 않게 계속 써야 한다. 전화 중국어 수업이라도 해야 한다. 하루 30분씩만 투자해 어렵게 키운 말하기 실력을 유지할 수 있다면 충분히 가치가 있다. 중국인 친구들과의 식사 자리 등 중국어를 쓸 수 있는 기회가 있으면 꼭 참석한다.

•

인생을 바꾸는 중국어,
지금 당장 시작하라

며칠 전 미국 실리콘밸리 구글 본사에서 시니어 엔지니어로 일하는 지인을 만났어요. 좋은 기회다 싶어 채용설명회에 참석한 학생마냥 구글에서는 어떤 인재를 원하는지 물어봤죠.

"실리콘밸리의 글로벌 기업에서 함께 일할 사람을 뽑을 때 아이비리그나 MBA가 중요했던 시대는 이미 지났어. 인사담당자는 이력서에 드러나 있지 않은 너의 관심사를 물을 거야. 네가 그 관심 분야를 얼마나 집요하게 파고들고, 너만의 인사이트와 스토리를 만들어냈느냐를 보려고 할 거야."

그도 그럴 것이 인공지능이 가장 기본적인 업무를 대체하게 될 시대에 구글 같은 기업을 이끌어갈 인재는 자신의 분야를 미친 듯이 파고들 만큼의 열정과 거침없이 도전하는 용기를 가진 '덕후'가 아닐까요? 실제로 실리콘밸리에서는 '성공한 덕후', 일명 '성덕'이라는 말이 돌 정도라고 합니다.

그의 이야기를 듣고 갑자기 '구글에 한번 지원해 봐?'라는 생각이 들더군요. 이 근거 없는 자신감은 지난 2년간 중국만 열심히 파고 있는 제 덕후 기질에서 나온 것 같습니다. 행사나 모임에 가면 저는 자신을 이렇게 소개합니다. "대학 진학 이후 줄곧 '중국의 매력에 빠져 헤어 나오지 못하는 팬'으로서 열심히 중국을 '스토킹' 중인 의지의 한국 청년입니다!"라고요.

'시켜서'가 아니라
'찾아서'

제가 이렇게 중국을 좋아하는 건 단순히 중국이 좋아서라기보다는 '중국에서의 제 모습'이 좋기 때문이에요. 끊임없이 성장하고 발전하는 제 모습이 말이에요. 사실 중국에 있으면 그럴 수밖에 없어요. 제 가족이나 한국에서의 학점, 인간관계 등이 그들에겐 어떤 의미도 없기에 완전히 '맨땅'에 헤딩하는 거니까요.

그래서 오로지 실력으로 제 자신을 증명할 수 있고요.

알리바바에서 인턴을 했다고 하면 뭔가 화려해 보이지만, 처음 알리바바에 들어갔을 때는 존재감이 없었어요. 동료들은 정신 없이 바빴고, 자신의 일을 하느라 저한테 관심을 줄 시간이 없었어요. 사무실 책상에 뻘쭘하게 앉아 있는 것이 괴로워질 때쯤 마음을 고쳐먹었죠. '남들이 관심을 가져주기를 기다리지 말고, 내가 먼저 유용한 사람이 되자'라고요. 부서에 20명 정도가 있었는데, 한 명 한 명 찾아가서 말했어요.

"저한테 시킬 일 있나요? 잘할 수 있는데…. 바쁘면 저한테 일을 나눠줘도 돼요."

처음에는 그중 두 명 정도가 일을 맡겨 줬어요. 중국 7개 주요 전자상거래 플랫폼에서의 가격 비교를 하는 거였죠. 저는 가격 비교를 끝낸 뒤에 엑셀에 넣고 가장 높은 가격과 낮은 가격을 다른 색깔로 표시한 다음 그 둘의 가격차까지 추가해 넣었어요. 그런 다음 알아두면 좋을 특이점과 비교를 통해 알 수 있는 각 플랫폼의 차이를 파워포인트에 정리해 보냈죠. 하나를 시키면 서너 개를 해서 보낸 겁니다. 그다음에는 20명 중 절반 이상이 저한테 이메일을 보내왔어요. 일을 도와줄 수 있느냐고 말이죠.

그렇게 하나둘씩 해나가다 보니 여느 직원처럼 피치 못하게 야근을 하게 되는 거예요. 더 이상 혼자 퇴근하기 미안해서 하는 '자발적 야근'을 할 필요가 없어진 거죠. 얼마나 기뻤는지 몰라요.

'이렇게 나서서 일을 찾으면 되는데, 그동안 왜 기다리고만 있었지.'

내 중국어 공부는
아직도 현재진행형

중국어를 한창 '열공'하는 시기에 실력을 폭발적으로 향상시키는 것도 중요하지만, 사실 그보다 중요한 것은 공부가 끝난 뒤 어떻게 그걸 유지하고 향상시키느냐 하는 것입니다. 저는 한국으로 돌아오기 3~4주 전부터 귀국해서 당시의 공부 패턴을 어떻게 유지할지, 이제 뭘 가지고 공부할지에 대한 계획을 세우기 시작했어요. 한국 땅에 발을 내딛는 순간 중국어 공부가 뒷전으로 밀리고 밀려 구석에 처박힐 것을 알았기 때문이죠. 언어 실력은 유지하기 위한 추가적 노력 없이는 아무리 많이 늘었어도 금방 사라져버리므로 그동안의 노력이 아까워서라도 꼭 향후의 방향을 설정하고 계획을 짜야 합니다. 사람마다 유지하는 방법이 다를 테니 일반화시키기보다는 중국에서 돌아온 뒤부터 지금까지 어떻게 중국어를 유지해 왔는지 말할게요.

1) 중국어 단어

따로 단어 공부는 하지 않았어요. '꼬꼬무' 단어 공부법이 워낙 기억에 잘 남는 방법이라 그런지 한국에 와서도 그전에 공부했던 단어를 잘 안 까먹더라고요. 그리고 글이나 신문을 읽을 때 모르는 단어가 나오면 따로 정리하거나 하지 않았어요. 다만 앞뒤 내용으로도 유추가 안 되고 내용적으로 중요한 단어인 경우에만 따로 뜻을 찾아보고 여러 번 써보고 있습니다.

2) 중국어 읽기

매일 위챗 구독 계정의 업데이트 되는 글을 읽고 있어요. 흥미로운 건 한국에 온 뒤 오히려 중국어로 쓴 글을 더 많이 읽고 있다는 거죠. 이렇게 할 수 있었던 이유는 중국어 공부를 위한 읽기가 아니라 제 관심사를 충족시키기 위한 읽기 과정에서 중국어가 플러스 알파로 따라오도록 했기 때문이라고 생각해요. 예를 들면 제가 관심을 가진 분야의 신문이나 잡지를 위챗 공중계정으로 구독해놓고 매일 날아오는 새로운 소식을 읽고 있어요. 그 내용 자체가 흥미롭고 도움이 되기 때문에 속독하고 싶다는 의욕이 절로 생길 정도예요.

3) 중국어 듣기

막 귀국했을 때는 중국에서 봤던 시청각 자료를 보고 또 봤어요. 대사를 다 외워버려 듣기보다 오히려 말하기에 도움이 될 정도가 되어서야 자료를 바꿀 필요성을 느꼈죠. 그때부터는 중국인 친구에게 추천받은 히말라야(喜马拉雅, xǐmǎlāyǎ)라는 라디오 어플을 이용해 듣기 연습을 하고 있습니다.

4) 중국어 쓰기

HSK 시험을 6급까지 다 끝낸 뒤라 중국어 통번역 학원에 다녔습니다. 방학 때는 여유가 있어 학원에서 쓰기 연습을 많이 할 수 있었어요. 게다가 위챗 모멘트에 계속 포스팅을 올리는 것도 제게는 쓰기 연습이 되고 있답니다. 중국 친구들과 계속 소식을 주고받기도 좋고, 새롭게 배운 표현을 써먹기도 좋고요.

5) 중국어 말하기

어학연수 때나 인턴 때는 푸다오(일대일 중국인 과외) 수업을 들었어요. 현지에서는 워낙 수업료가 저렴해서 선생님을 붙들고 신나게 수다 떨고도 비용 부담이 없었죠. 하지만 한국에 오니 원어민 과외가 비용적으로나 시간적으로 참 어렵더라고요. 그래서 선택한 게 바로 전화 중국어입니다. 원하는 시간에, 전화만 있으면 원어민과 대화를 할 수 있어 참 편리합니다. 저는 주 5일 30분으로 등록해서 매일 아침 오전 7시에 일어나자마자 선생님의 전화를 받은 지가 벌써 1년 되어가네요.

귀국하고 지금까지 이런 식으로 중국어 공부를 이어나가고 있어요. 그러다 보니 중국어에 파묻혀 생활할 때와 비교해 실력이 줄거나 하지 않더라고요.

마지막으로 알리바바의 공식 홍보 영상에서 제가 한 말로 이 책을 마무리하려고 합니다.

"제 꿈은 기업가입니다. 사람들이 생활 속에서 필요로 하는 것과 원하는 것을 포착해내는 눈을 가진 기업가가 되고 싶습니다. 단순히 이익을 내기 위해 일하는 기업이 아니라 더 나은 사회를 만들기 위해 노력하는 기업을 만들 겁니다. 알리바바가 중국에서 엄청난 혁신을 만들어낸 것처럼 말이죠."

지금도 알리바바 캠퍼스 곳곳에 이 영상이 흘러나오고 있으니, 제 꿈을 알리바바 3만 명 직원 앞에서 선언한 셈이 되고 말았네요. 하지만 전 믿습니다. 이렇게 한 단계 한 단계 밟아가다 보면 1년 전 했던 약속을 꼭 지키리라는 것을요.

누군가 "꿈은 꾸기 위한 것이 아니라 이루기 위해 꾸는 것이다"라고 하더군요. 이 문장을 여러분과 함께 나누고 싶습니다.

중국어
'6개월 안에 끝내기'
실전 노하우

중국어 면접,
이것만 알면 백전백승

다음은 알리바바의 인턴십 면접에서 나온 질문입니다.

"BAT를 필두로 한 중국의 IT 시장을 설명해 보세요."

"중국 전자상거래 시장의 2위인 징동과 알리바바를 비교하고, 알리바바가 징동의 경쟁력을 벤치마킹해야 한다고 생각하는지 말해주세요."

여기서 BAT는 중국의 바이두Baidu, 알리바바Alibaba, 텐센트 Tencent 세 선두 기업을 일컫는 말이에요. 물론 면접관의 질문도, 이에 대한 제 답변도 모두 중국어로 진행되었습니다. 지금도 가끔 중국어 공부한 지 고작 6개월밖에 안 된 제가 어떻게 이 면접을 통과하고 인턴십에 합격했나 싶어요.

면접에서 200% 효과를 보여주는 전략

어떤 질문이 나올지 모르는 긴장된 상태에서 적합한 답변이 요구되는 상황. 모국어인 한국어를 쓴다고 하더라도 어려운데 내 입 밖으로 나오는 게 중국어여야 하니 제대로 준비하지 않으면 망할 게 뻔했어요. 그렇다면 결국 방법은 하나죠. 제 실력이 50이라면 면접에서 보여지는 실력은 100 정도가 되도록 만들어야 한다는 것. 그리고 그렇게 하기 위해서는 특단의 조치, 즉 면접에서 200%를 발휘할 수 있는 폭발력 있는 전략이 필요하다는 거죠.

그때부터 좀 더 전략적으로 접근해야 한다는 생각에 부지런히 머리를 굴렸어요.

'면접에서 좋은 점수를 얻으려면 두 가지를 잘해야 한다. 무엇 What과 어떻게How다. 즉 답변의 '내용'이 얼마나 높은 퀄리티를 가졌는지, 답변 내용의 '구조'가 얼마나 논리적인지 하는 것이 합격을 결정하겠지. 그럼 둘 중에선 어떤 것이 더 중요할까? 준비하는 데 들이는 인풋 대비 더 큰 효과를 낼 수 있는 방법을 생각해 보자. 내용에 있어서는 예측이 불가능할 텐데. 아무리 준비를 많이 해도 준비한 내용을 물어볼 확률은 꽤 낮을 거야. 투자 대비 아웃풋이 적겠어. 하지만 답변 내용의 구조는? 논리적이고 분명한 구조 몇 가지를 만들어놓고 질문에 적절한 것을 골라 사용한다면 효과를 얻을 수 있지 않을까? 그래, 꼭 감동적인 말이나 창의적인 답변으로 면접 내용을 채우지 못하더라도 논리적 흐름에 따라 자신 있게 말한다면 똑 부러진 사람으로 보일 거야.'

무엇 : 어떻게 = 3 : 7

준비하는 데 투자할 수 있는 10일 가운데 처음 3일은 알리바바라는 기업, 중국의 전자상거래 시장, 알리바바의 경쟁기업과 경쟁력의 차이 등에 대해 미친 듯이 조사했어요. 물론 짧은 면접 시간에 어필해야 하는 게 목적이어서 정보량보다 그 내용을 저만의 키워드로 재해석하는 데 더 큰 비중을 두었고요.

그리고 나머지 7일은 오로지 형식과 구조를 짜는 데 올인했습니다. 구조의 퀄리티를 높이기 위해 시작하는 말과 중간에 할 말을 잃거나 다음 말을 생각할 때 쓰는 말, 마무리하는 말 이렇게 세 가지를 확실하게 암기한 다음 이것을 말하는 중간중간 질문에 해당하는 답변에 살을 추가적으로 붙여주는 겁니다.

다음은 면접 볼 때 말하기 구조의 퀄리티를 높이기 위한 예문을 정리해놓은 거예요. 해당하는 문장을 확실하게 해놓으면, 어떤 내용을 덧붙여도 답변의 퀄리티가 기본적으로 높아집니다.

시작할 때	① 我要简单地概括一下主要有三点。第一就是～。第二是～。最后第三是～ 간단하게 중요한 세 가지로 요약할게요. 첫 번째는 ～, 두 번째는～, 마지막 세 번째는～ ② 我可以从三个方面来解释。一方面，～ 세 가지 측면에서 설명할 수 있습니다. 첫 번째는 ～ ③ 其实，我是这么看的。～ 사실, 저는 이렇게 봅니다. ～ ④ 对我来说，～ 저에게 있어서는 ～ ⑤ 我可以毫不犹豫的说 ～ 한 치의 망설임도 없이 ～라고 말할 수 있습니다.
중간에 할 말을 잃었을 때	① 我们一起想一想吧。 우리 함께 생각을 해봅시다. ② 特别值得一提的是 ～ 특별히 언급할 만한 것은～ ③ 怎么说呢，～ 어떻게 말하면 좋을까요, ～ ④ 换句话说，～ 바꾸어 말하면, ～ ⑤ 反过来说，～ 반대로 말하면, ～ ⑥ 更具体地说，～ 좀 더 구체적으로 말하면, ～ ⑦ 虽然如此，但是 ～ 그럼에도 불구하고 ～ ⑧ 我突然忘记了用汉语怎么说，～ 이걸 중국어로 어떻게 말해야 하는지 갑자기 떠오르지 않네요, ～ ⑨ ～～我用汉语说不出来， 이건 중국어로 말하기가 어려운데요, ～
마무리할 때	① 从此，可以发现，＝从此，可以看出来 ～ 이것으로 보아 ～를 발견할 수 있습니다. / 이것으로 보아 ～를 ② 可以概括成一句话。 한 마디로 요약할 수 있습니다. ③ 听起来好复杂，可是，反正就是一句话 ～ 듣기에는 약간 복잡할 수 있지만, 결국 한 마디로 귀결됩니다. ～ ④ 听起来好复杂，可是关键在于～ 듣기에는 약간 복잡할 수 있지만, 가장 중요한 것은 ～

'중국스러운' 표현을 외워라

그리고 중국인 면접관에게 짧은 시간 내에 저의 중국어 실력에 대한 강한 인상을 심어주기 위한 전략으로, 외국인은 잘 모르지만 중국인들이 자주 쓰는 어휘를 준비해서 외웠어요. 중국인이 한국어로 "이거 되게 쉬워"라고 말하는 것보다 "이거 누워서 떡 먹기야"라고 말했을 때 '어머, 어쩜 우리말을 저렇게 잘하지!'라는 생각이 들게 만들잖아요. 이처럼 말을 유창하게, 내용을 풍부하게 하는 것과는 별개로 '중국인스러운' 관용어구나 속담, 문장에 적절하게 어울리는 동사 목적어 세트를 쓴다면 중국어를 잘한다는 인상을 심어줄 수 있겠다는 생각이 들었죠. 예를 들면 아래와 같은 문장이죠.

- 我一直以来不愿做一只井底之蛙。真正的学习是在工作里的，在社会里的。现在我要出去 到外面的世界 多多经历。
  저는 항상 우물 안 개구리가 되어선 안 된다고 생각했습니다. 진정한 공부는 일을 하면서, 그리고 사회 안에 있습니다. 지금 저는 더 멀리 나가 많은 것을 경험하고 싶습니다.

- 说实话，我不是一个学习还是学习的一种学霸。我认为读万卷书不如行万里路。一有时间，就出去 多多经历。
  솔직히 말하면 저는 공부밖에 모르는 모범생이 아닙니다. "백문이 불여일견"이라는 말이 있습니다. 그래서 여유가 생길 때마다 밖으로 나가 경험을 쌓아야 합니다.

만약 제가 단순히 모범 답안을 여러 개 만들어 통으로 암기하고 면접을 치렀다면 면접관의 질문에 그럴싸한 답을 내놓지 못했을 겁니다. 하지만 전략을 세워놓았기 때문에 미리 준비한 질문과 전혀 다른 맥락의 질문을 하더라도 시작, 중간, 마무리 등 미리 준비한 고정 형식에 맞춰 말하면서 중간에 살을 붙일 때 중국인이 즐겨 쓰는 문장을 한두 개 정도 넣을 수 있었어요.

이 정도 하면 면접에서 얻을 점수는 모두 얻을 수 있다는 자신감이 솟아오르지 않나요?

중국인도 놀라는
'중국어 좀 하는데!' 관용 표현

중국인 친구들과 있으면 항상 귀를 쫑긋 세우고 듣게 돼요. 이 친구들의 대화에서는 중국에서 지금 유행하는 말과 이들이 즐겨 쓰는 관용어 표현이 마구 쏟아지잖아요. 참고서나 교과서에는 없는 '진짜 중국인스러운' 표현은 이럴 때 잘 듣고 노트에 적어놓았다가 나중에 필요할 때 써먹어야 합니다. 중국어를 '잘한다'고 말하는 데는 여러 가지 기준이 있겠지만 저는 '중국인과의 소통을 원활하게 잘하는' 것이 진짜 실력이라고 생각하거든요. 그리고 그 소통을 잘하기 위해서는 중국인들이 습관처럼 쓰는 표현을 자연스럽게 쓰는 게 필수라고 생각하고요! 이만큼 중요하기 때문에 제가 자주 써먹는 표현을 여러분과 공유하려고 합니다!

- 完蛋了!
  wán dàn le
  망했다!

- 不得了了!
  bù dé liǎo le

  큰일났다!

- 得了吧。
  dé le ba

  됐거든.

- 动动脑筋儿!
  dòng dòng nǎo jīn ér

  머리를 좀 써!

- 再好不过了。
  zài hǎo bù guò le

  이보다 더 좋을 수는 없다.

- 好酷!
  hǎo kù

  와, 정말 멋지다(쿨하다)!

  ('좋다'는 기본적 표현만 쓰지 말고 가끔 이런 표현도 써보자.)

- 你是一个正能量满满的孩子。
  nǐ shì yī gè zhèng néng liàng mǎn mǎn de hái zi.

  넌 정말 긍정적 에너지가 가득 찬 사람이야.

- 你当我傻呀!
  nǐ dāng wǒ shǎ ya

  내가 바보냐!

- 你有没有暧昧男?
  nǐ yǒu méi yǒu ài mèi nán

  너 썸남 있어?

  (친구들 중에 남자와 여자가 꽁냥꽁냥 하고 있으면 "你们是不是暧昧关系[너네 썸 아니
  야]?"라고 말할 수도 있다.)

- 你是个傻瓜啊 ～

  nǐ shì gè shǎ guā a

  이 바보야~

  (연인이나 친구 사이에서 상대방을 귀엽게 바라보면서 쓰는 말이다.)

- 拜托你了, 求求你。

  bài tuō nǐ le qiú qiú nǐ

  부탁 좀 할게.

- 我们之间还客气什么呢。

  wǒ men zhī jiān hái kè qi shén me ne

  우리 사이에 뭘 이런 걸 가지고.

- 这事包我身上!

  zhè shì bāo zài wǒ shēn shang

  이 일은 나에게 맡겨요!

- 你真靠谱。

  nǐ zhēn kào pǔ

  너 정말 믿음직스러워.

- 好什么好呀。

  hǎo shén me hǎo ya

  좋긴 뭐가 좋아.

- 不会吧。

  bú huì ba

  그럴 리가 없어.

- 你真烦人。

  nǐ zhēn fán rén

  너 정말 사람 짜증나게 한다.

- 他钱多有什么了不起啊。
  tā qián duō yǒu shén me liǎo bu qǐ a

  그가 돈 많은 게 뭐 그리 대수라고.

- 不就一点小事儿嘛, 有什么大不了的。
  bú jiù yī diǎn xiǎo shì ér ma yǒu shén me dà bù liǎo de.

  별거 아닌 일이잖아, 뭐 그리 큰일이라고.

- 关我什么事啊? 不要管我。
  guān wǒ shén me shì a? bú yào guǎn wǒ.

  너하고 무슨 상관이야? 나 상관하지 말아줘.

- 真是的。
  zhēn shì de

  진짜, 참네.

- 这个有点不对劲啊。
  zhè ge yǒu diǎn bú duì jìn a

  이거 뭔가 이상한데.

- 别提多难受了。
  bié tí duō nán shòu le

  얼마나 힘든지 말도 마라

- 我们一起自拍一下吧。
  wǒ men yī qǐ zì pāi yī xià ba

  우리 같이 셀카 찍어요.

- 哇塞!
  wā sài

  와, 우와!

- 给力!
  gěi lì
  대박!

- 我真是个笨蛋。
  wǒ zhēn shi gè bèn dàn
  나 진짜 바보야.

- 给我点赞吧。
  gěi wǒ diǎn zàn ba
  나 좋아요 좀 눌러주라.
  (페이스북에 '좋아요' 버튼을 눌러 달라는 표현이다.)

- 别闹了!
  bié nào le
  호들갑 떨지 마!

- 真的假的?
  Zhēn de jiǎ de
  진짜야? 뻥 아니야?

- 愣什么神啊, 想什么呢?
  lèng shén me shén a, xiǎng shén me ne
  왜 멍 때리고 있어, 무슨 생각을 하는 거야?

- 你疯了吧。
  nǐ fēng le ba
  너 미친 거지.

- 你真了不起!
  nǐ zhēn liǎo bù qǐ
  너 진짜 대박 짱이다!

- 好了。我要忙了 不跟你说了。

  hǎo le. wǒ yào máng le bù gēn nǐ shuō le

  (친구와 통화 중에) 알겠어. 나 이제 일하러 가야 해서 그만 끊자.

- 我我们可以加微信吗? 我扫你吧。

  wǒ men kě yǐ jiā wēi xìn ma? wǒ sǎo nǐ ba

  우리 위챗 친구 추가할래요? 제가 (당신의 QR 코드를) 스캔할게요.

- 有的是时间。

  yǒu de shì shí jiān

  있는 게 시간이다 (시간 많다).

  (누군가가 "你有时间[yǒu yǒu shí jiān]?"이라고 할 때 이렇게 받아치면

  엄청 재밌어 한다.)

- 方便聊两句吗?

  fāng biàn liáo liǎng jù ma

  통화 가능하세요 (잠깐 대화할 수 있나요)?

- 你自己看着办吧。

  nǐ zì jǐ kàn zhe bàn ba

  알아서 해요.

- 你为什么每次泼冷水。

  nǐ wèi shén me měi cì pō lěng shuǐ

  너 왜 매번 찬물을 끼얹냐.

- 你真有眼光!

  nǐ zhēn yǒu yǎn guāng

  너 정말 보는 눈 있다!

성공으로 가는 어학연수
6개월 마스터 플랜

6개월 투자하기로 마음먹은 사람들과 향후 몇 개월 동안의 플랜을 세우지 못해 망설이는 사람들을 위해 총 6개월간의 어학연수 기간 동안 공부와 생활 계획표를 아주 구체적으로 짜드릴게요!

그럼, 먼저 큰 그림부터 그려 봅시다.

내년 1월 방학 단기 연수부터 3월 정규 학기까지 총 6개월에 걸친 여정을 시작해 볼게요! (겨울 방학, 여름 방학 때 4~7주 동안 가는 게 방학 단기 연수이고, 한 학기 동안 가는 게 정규 연수입니다. 방학 단기 연수는 학생 수가 비교적 적지만 한국 학생의 비율이 비교적 높고, 수업 강도가 덜 센 편입니다.)

중국 어학연수 6개월 마스터 플랜		
2018년 1월	1월 둘째 주 –중국에서 6주간의 방학 단기 연수 시작	단어량을 키우는 데 집중하자. HSK 5급 필수 단어 2,500자부터 시작!

2018년 2월	2월 마지막 주 - 방학 단기 연수 끝	HSK 5급 단어량을 키우는 데 집중하자. 필수 단어 2,500자부터 시작!
2018년 3월	3월 첫째 주 - 어학연수 정규 학기 시작	HSK 5급 공부 시작, 쓰기 & 문법에 중점
2018년 4월	4월 중순 - 중국에서 HSK 5급 시험	4월 16일까지는 HSK 5급 공부 4월 16일 이후부터는 바로 HSK 6급 준비 시작, 듣기 & 읽기에 중점
2018년 5월	5월 둘째 주 - 중국 국내 여행 한번 다녀옴	4월 16일 이후부터는 바로 HSK 6급 준비 시작, 듣기 & 읽기에 중점
2018년 6월	6월 중순 - 중국에서 HSK 6급 시험	6월 12일까지는 HSK 6급 공부 6월 12일 이후부터는 바로 말하기, 쓰기 실력 키우는 데 집중
2018년 7월	7월 둘째 주 - 어학연수 끝 & 귀국	귀국 2주 전부터 한국 귀국 후 실력 유지 방안 계획을 세움

큰 그림 뒤에 구체적으로 작은 그림 그리기

이제, 6개월이 어떻게 흘러갈지 큰 그림을 그렸으니 각 월별로 어떤 계획으로 공부할지에 대해 세세한 플랜을 세워 볼게요. 우리의 월별 액션 플랜은 크게 1) 어학연수 수업, 2) 푸다오 수업(중국인과의 일대일 과외), 3) HSK 시험 준비 독학, 4) 그 외의 시간에 시청각 자료를 활용한 공부 등 네 가지 항목으로 나눌 거예요.

중국 현지에 왔기 때문에 원어민 선생님의 수업을 듣고 한국에서는 하기 어려운 중국인 일대일 과외를 할 수도 있어요. 이 시간을 온전히 투자해 6개월 안에 중국어를 정복하겠다는 마음을 먹었다면 수업 외에도 자습을 통해 HSK 커리큘럼을 따라가면서 말하기 구사 능력을 키우는 데 효과적인 시청각 자료를 활용할 수도 있습니다! 이렇게 네 가지가 병행될 때 일어나는 시너지 효과는 정말 큽니다. 그래서 빨리 늘 수밖에 없습니다.

어학연수 수업	푸다오 수업	HSK 시험공부	시청각 자료 공부
중국인 원어민 선생님과 독해, 청해, 회화, 작문 전 영역을 커버하는 수업 시간	중국인 대학(원)생과의 일대일 과외	현지에서 시험 공부를 하고, 시험에 응시할 수 있음	중국어 영상, 라디오 프로그램을 활용하여 말하기와 쓰기를 집중 공략
10~15명의 소규모 수업에 적극적으로 참여함	현지이기 때문에 중국인 선생님을 찾기도 쉽고 시간당 1, 2만 원 이내로 수업료가 비교적 저렴함	중국어를 단기간에 잘하기 위해서는 독학으로 HSK 준비를 하는 게 필수임	현지에서는 여유가 없어 활용하기 어려운 여러 현지 자료를 가지고 실용 중국어 공부
일곱 시간	한두 시간	서너 시간	한두 시간

- 첫째 달, "시작이 반이다!"

1) 9:00 – 16:00 학교 수업 시간

방학 단기 연수가 시작되었습니다. 단기 연수는 연습이고, 실전인 정규 연수를 위한 기초 다지기라고 생각하면 됩니다. 적응 단계이니 어학연수 수업은 부담 없이 듣고 복습을 철저히 하는 것만으로도 충분합니다.

2) 16:00 – 18:00 푸다오 수업(중국인 과외) 시간

중국어 수준에 상관없이 푸다오 수업은 꼭 하기를 추천합니다. 현지에 있기 때문에 누릴 수 있는 이점은 최대한 누려야 하니까요! 제 경우에는 그때까지만 해도 중국어 공부가 자리 잡는 과정이었기 때문에 수업 시간에 배운 것을 소화하는 데 시간이 좀 걸렸어요. 그래서 푸다오 선생님과 수업 시간에 배운 것을 복습하고 한 번 더 써먹는 시간으로 했답니다. 만약 중국어가 기초 단계라면 푸다오 수업은 너무 부담 갖지 말고 그냥 중국인과의 대화를 통해 심리적인 거리감을 없애는 정도로만 활용하면 됩니다!

3) 19:00 – 21:00 독학 시간

시기적으로는 제가 먼저 제시한 마스터 플랜을 그대로 따라가면 됩니다. HSK 시험은 신경 쓰지 말고 방학 연수 기간인 6주 정도의 시간을 투자하여 단어량을 급격히 늘리는 데 집중해야 합니다. 초반에는 공부법과 전략을 제대로 세우고 공부가 습관화되도록 해야 한다는 데 신경을 씁니다!

• 둘째 달, "본격적인 시작은 지금부터!"

1) 9:00 – 16:00 학교 수업 시간

정기 연수가 시작되었습니다! 다행히도 방학 때 이미 수업을 들었기 때문에 적응 단계는 생략하고 바로 본격적인 어학연수 생활에 집중할 수 있습니다. 학교 수업 시간은 원어민 선생님과의 수업이니만큼 사전을 찾아도 나오지 않는 관용어구와 중국인만 쓸 법한 자연스러운 표현을 중심으로 회화 노트와 문장 노트에 기록해두세요. 혼자 HSK 단어를 암기할 때에 비해 수업 시간에 다루는 단어량은 확연히 적을 겁니다. 하지만 그 단어들은 어찌 보면 가장 자주 쓰이고 중요한 단어들이기 때문에 그만큼 시간을 투자해 입에 붙을 만큼 연습해야 합니다. 또한 어떤 과목이든 유용한 회화 표현이 귀에 들릴 때마다 회화 노트에 적어두세요!

2) 16:00 – 18:00 푸다오 수업 시간

아직까지 말하기가 익숙하지 않을 거예요. 이런 상태에서 푸다오 수업 시간을 아깝지 않게 쓰는 방법은 학교 수업 시간에 배운 내용

을 복습하는 거예요. 아는 내용을 다시 반복하는 것이니 수업 시간
보다 훨씬 유창하게 말할 수 있겠죠. 특히 이해가 안 되었던 부분이
나 강조되었던 표현을 한 번 더 연습하기에는 중국인 과외 선생님이
최고예요! 또한 회화 노트 안의 점점 쌓여가는 문장 표현을 푸다오
선생님과 대화하면서 꼭 한 번씩 써보세요.

3) 19:00 - 21:00 독학 시간

정규 연수의 시작은 곧 HSK 5급 시험 준비의 시작을 의미합니다.
급격하게 늘린 단어량을 잘 소화하도록 단어 복습 계획과 함께 듣기
계획은 꾸준히 짜고, 문법은 3월 내로 끝내고 4월에는 복습 할 수 있
도록 하세요! 무엇보다 중요한 것은 HSK 시험 독학 중에 공부한 것
을 수업 시간이나 숙제할 때 최대한 활용하려는 노력입니다! 수업
시간과 독학 시간의 시너지 효과가 날 수 있도록 말이죠.

4) 그 외의 나머지 시간

이때쯤 되면 시청각 자료를 볼 만한 내공이 생겼을 거예요. 하지만
아직 초반이니만큼 무리하지 말고 어린이 만화로 시작합니다. 만화
를 보면서 표현을 따로 정리하지 말고 운동을 할 때나 자기 전 시간
적 여유가 있을 때마다 틀어놓으면 부담감 없이 귀도 트이고 언어에
친숙해질 수 있어요!

• 셋째 달, "나 중국어 좀 해"

1) 9:00 - 16:00 학교 수업 시간

수업을 시작한 지 이미 한 달이 되었습니다. 수업 시간에 학생들의 적극적 참여를 바탕으로 한 상황극이 더 많아질 거예요. 상황극을 하면서 배운 단어와 표현을 써먹을 수 있기 때문에 부족한 말하기 연습을 보충할 수 있습니다. 독학하면서 외운 HSK 단어도 함께 활용해 보세요!

2) 16:00 - 18:00 푸다오 수업 시간

이제 HSK 5급 공부를 하는 수준이니 말하기 연습에 박차를 가해도 될 것 같아요. 게다가 수업도 어느 정도 적응되었기 때문에 딱히 이해가 안 가는 내용이 많지 않을 겁니다. 공부한 문법을 체크하거나 수업 시간에 배운 것을 복습하는 것보다는 하나의 주제를 정해 토론을 해보는 것은 어떨까요? 미리 정한 주제를 바탕으로 문장을 써본 뒤에 혼자서 연습을 해보는 겁니다! 그런 다음 수업 시간에 준비한 문장을 쓰면서 선생님과 대화를 나누는 거죠. 그러다 보면 수업 시간이 금방 가고 자유롭게 의사 전달을 할 수 있는 실력을 키울 수 있습니다!

3) 19:00 − 21:00 독학 시간

이제 곧 HSK 5급 시험을 보기 때문에 시험 준비로 바쁠 거예요. 막 판까지 가장 열심히 오답 노트를 정리해야 하는 영역은 듣기예요. (독해 영역은 단어만 알면 풀 수 있고, 문법 문제는 어렵지 않게 출제되므로!) 컴퓨터로 보는 HSK iBT 시험이 익숙하지 않아서 불안하다면 온라인으로 모의 테스트를 한번 해보는 건 어떨까요?

4) 그 외의 시간

이제부터는 중국어 드라마를 보기 시작합니다. 수업 시간에 선생님은 학생들을 배려해 비교적 천천히 말씀하실 거예요. 그래서 중국인이 말하는 진짜 속도를 체험하기 위해서는 드라마를 봐야 합니다! 드라마의 효용성은 회화 공부에 있기 때문에 써먹을 수 있을 만한 수준의 표현이 많이 나오는 드라마를 선택해야 합니다. 또한 그 표현을 적을 때는 학교 수업 시간에 사용하는 회화 노트에다가 같이 적습니다! 노트를 여러 개 만드는 것보다 하나의 노트를 자주 보는 게 더 도움이 되니까요. 한 번 보는 것으로 모든 표현을 다 받아 적으려고 하면 금방 지쳐 몇 회 못 가고 말 거예요. 현재 자신의 수준에서 시도해 볼 만한 표현을 중심으로 취사선택해서 적고, 그 드라마를 몇 번 반복해 보면서 시간을 두고 점차적으로 익히는 게 좋습니다.

• 넷째 달, 멘탈이 가장 흔들리는 시기

1) 9:00 – 16:00 학교 수업 시간

수업 시간에 작문 숙제와 발표 숙제가 많아지는 시기예요. 하나의 주제를 가지고 한 편의 글을 완성해야 하는 작문 숙제는 분량도 적지 않을 겁니다. 근데 이게 유일한 쓰기 연습 시간이기 때문에 숙제는 꼭 하고 선생님의 첨삭을 통해 수정하는 단계를 반복하면 쓰기 실력이 몰라보게 늘 거예요. 또한 수업 시간에 상황극을 위주로 했다면 이제부터는 발표하는 시간이 많아집니다. 지금까지 일상 회화 중심이었다면 이제는 고급 중국어를 구사하는 것을 지향하는 거죠. 이 시기에 그 동안 머릿속에 집어넣고 노트에 받아 적은 것을 부단히 써먹어야 지금까지 쌓은 것을 '내 것'으로 만들 수 있어요!

2) 16:00 – 18:00 푸다오 수업 시간

HSK 5급 문제를 풀다가 모르는 게 있다면 푸다오 선생님에게 물어보세요. 시험이 끝난 후에는 집중적으로 말하기 연습을 하는 시간으로 활용하고요. 기본적인 회화 표현은 수업 시간에도 많이 연습하므로 고급스러운 표현으로 이루어진 문장을 구사하는 연습을 해보세요.

3) 19:00 – 21:00 독학 시간

HSK 5급 시험이 끝나면 지체 없이 HSK 6급을 준비해야 합니다.

HSK 6급 시험은 HSK 5급보다 훨씬 어렵기 때문에 최대한 시간을 낭비하지 않는 게 중요해요. 6급 단어장에는 '꼬꼬무 단어 공부법'으로도 커버하지 못한 단어가 꽤 많이 나오니까 단어 암기에도 많은 시간을 할애해야 합니다!

4) 그 외의 시간

몇 달을 달려왔기 때문에 수업 시간이나 자습 시간에 집중력이 많이 떨어질 거예요. 이때 시청각 자료 보는 시간의 비중을 더 높이는 것도 한 가지 방법이에요. 먼저 지난달부터 본 드라마는 계속 반복해서 보고 표현을 정리합니다. 이 시기부터 새롭게 볼 수 있는 게 바로 다큐멘터리예요. 다큐멘터리는 절대 쉽지 않지만, HSK 6급 단어가 많이 나와요. 그래서 HSK 단어 복습과 듣기 연습을 동시에 할 수 있는 고마운 영상물이죠.

• 다섯째 달, '중국인처럼 말하기'를 목표로!

1) 9:00 - 16:00 학교 수업 시간

HSK 6급 시험이 2주 안으로 다가와서 준비를 철저히 하려다 보면 학교 수업 시간에도 HSK 공부를 보충해야 할 수도 있답니다. 그땐 선생님에게 양해를 구하고 수업 시간에 HSK 시험공부를 병행하는 것도 좋은 방법입니다. 게다가 이쯤 되면 수업을 한 지 3개월이 지

낲기 때문에 수업 듣는 것에 약간 지칠 수도 있고, 5급 시험까지 본 경우에는 수업 내용이 약간 쉽게 느껴질 수도 있어요. HSK 6급 시험이 둘째 주에 끝나면 그때부터는 수업에 조금 더 집중해야 합니다. 가장 좋은 방법은 수업 시간에 있는 상황극, 게임, 발표 시간을 200% 활용하는 것입니다. 말하기가 중점 영역이기 때문에 최대한 이 시간에 입을 열고 떠드는 연습을 하는 거죠!

2) 16:00 – 18:00 푸다오 수업 시간

HSK 5급 시험과 다르게 HSK 6급 시험공부를 하다 보면 해설지를 봐도 100% 이해되지 않는 문제가 종종 있을 거예요. 이런 문제는 수업 전에 정리해 중국인 선생님에게 물어보면 됩니다. 특히 두 단어의 미묘한 뜻 차이 같은 질문은 원어민 선생님이 설명해주는 게 훨씬 이해가 잘 됩니다. HSK 시험이 모두 끝나고 나면 푸다오 시간에는 말하기 연습에 집중합니다. 일상 회화보다는 신문기사를 가지고 와서 같이 읽고 토의하면서 의사전달 능력을 키우며 어려운 표현을 익힙니다.

3) 19:00 – 21:00 독학 시간

어학연수의 막바지이기 때문에 수업 태도가 많이 해이해지는 시기이지만 HSK 6급 시험을 앞두고 있으니 정신력으로 조금 더 버텨야 합니다. 시험이 다가오면서 가장 마지막까지 오답 노트를 정리해야 하는 부분이 독해와 듣기 영역입니다. 문법의 경우 문제가 어렵긴 하지만 어차피 오답률이 너무 높기 때문에 큰 기대는 갖지 마세요. 그리고 쓰기 영역은 작문이기 때문에 꼭 쓰고 싶은 접속사와 표현을 미리 몇 개 골라놓는 등 실전 준비를 합니다.

4) 그 외의 시간

HSK 6급 시험 이전에는 시험공부에 전력을 다합니다. 시험이 끝나면 말하기와 쓰기에 집중하세요. 그 동안 사귄 중국인 친구들과 더 자주 어울리고 시청각 자료를 보면서 노트에 적어놨던 표현들을 실제 상황에서 써볼 수 있는 기회를 더 많이 만듭니다.

• 여섯째 달, '지속 가능한 공부 계획'을 세우자

1) 9:00 – 16:00 학교 수업 시간

이제 학교 수업의 끝이 다가옵니다. 이때부터는 각 수업에서 약 넉 달간 배운 내용을 최대한 자기 것으로 만드는 작업이 필요합니다. HSK 시험도 끝났고, 곧 있을 학교 기말고사도 준비할 겸해서 각 과목의 교과서를 처음부터 끝까지 모두 복습합니다. 그러면서 그동안 배웠던 표현이나 단어를 모두 정리해 자신의 데이터베이스를 만드는 거예요.

2) 그 외의 시간

마지막 달에는 푸다오 수업 대신 중국인 친구와 여기저기 놀러다니세요! 한두 시간의 푸다오 수업은 효율성이 높긴 하지만 중국인 친구와 반나절 수다를 떠는 것이 말하기 실력을 키우는 데 훨씬 효과적입니다.

마지막 일주일 동안은 귀국한 뒤에 중국어 실력을 어떻게 유지하고 지속적으로 키울 것인지에 대한 계획을 세우는 데 시간을 투자합니다! 빠르게 늘린 실력이니만큼 꾸준히 공부하지 않으면 금방 사라져버릴 수도 있어요. 그러므로 지속 가능한 공부 계획을 세워야 합니다. 특히 그동안 봤던 시청각 자료는 미리 다운로드를 해놓고 한국에 가서도 계속 같은 걸 보면서 말하기 연습을 할 수 있게 해놓아야 해요. 표현 노트나 파일은 한 곳에 잘 보관해 귀국해서도 규칙적으로 복습할 수 있도록 계획하고, 하루에 중국어 기사를 하나씩 보는 등 자신만의 공부 습관을 만들어놓는 것도 좋습니다.

HSK 5급,
3개월 만에 끝내는 부트캠프

다음에 나온 계획표는 베이징에서 어학 연수를 시작할 때 첫 목표였던 HSK 5급 합격을 위해 세운 것입니다. 여기서 핵심은 3개월 뒤 자신의 모습을 상상하고 역으로 계획을 세우는 것입니다. 3개월 안에 HSK 5급에 합격하는 것을 목표로 삼고 계획을 세웠더니, 첫 번째 달에는 단어에 올인해서 2,500자를 암기해야 한다는 계산이 나왔습니다

Step 1 1개월 뒤 나의 모습?	Step 2 2개월 뒤 나의 모습?	Step 3 3개월 뒤 나의 모습?
HSK 5급 시험의 필수 단어 2,500자를 모두 암기한 나	《HSK 5급 한 권으로 끝내기》 문제집을 끝낸 나	HSK 5급 시험에 합격한 나

3개월 안에 HSK 5급 끝내기

첫 달	둘째 달	셋째 달

첫째 주
• 단어 먼저 끝내기
• 일주일에 600단어
  정도 암기하려면 매일
  100단어씩 암기
• 주말에 복습
 	
  : 매일 4시간 공부
	첫째 주
	듣기 실력 키우기가 가장
	오랜 시간이 걸리므로 첫째
	주에는 듣기 영역에 올인
	
	• HSK 5급 문제집에
	  있는 듣기 영역 문제를
	  14등분하고, 매일 1/14씩
	  풀기(1시간 30분)
	• 지난달 암기했던
	  2,500단어 가운데서
	  앞부분의 300단어
	  복습(40분)
	
	  : 매일 2시간 10분 공부
		첫째 주
		독해와 듣기 영역에서 어느
		정도 기초가 쌓였으므로
		쓰기 영역의 공부 시작하기
		
		쓰기 영역의 핵심은 문법!
		전체 문법 양을 7등분하고
		매일 1/7씩 공부
		
		• 쓰기 영역 안에
		  있는 문법 1/7 분량
		  공부(1시간 30분)
		• 독해 영역은 지난 달
		  틀린 문제 위주로
		  복습(40분)
		• 듣기는 녹음 파일을
		  스마트폰에 저장한 뒤
		  시간 날 때마다 들으면서
		  감각 유지
		• 첫 달에 암기했던
		  2,500단어 가운데
		  그다음 300단어
		  복습(40분)
		
		  : 매일 2시간 50분 공부
		
		→ 문법 전체 한번 돌림

첫 달	둘째 달	셋째 달

둘째 주	둘째 주	둘째 주
• 매일 100단어씩 암기 • 주말에 복습 : 매일 4시간 공부	듣기 영역 다음으로 어려운 것이 독해 영역 • HSK 5급 독해 부분을 14등분한 뒤 매일 1/14씩 풀기(1시간 30분) • 듣기 영역은 지난주에 풀었던 부분 이후부터 시작해 매일 1/14씩 풀기(1시간 30분) • 첫 달에 암기했던 2,500단어 가운데 300단어 복습(40분) : 매일 3시간 40분 공부 → 이제 듣기 영역 문제 풀기 끝냄	문법을 한번 훑었으므로 복습하면서 동시에 작문 연습 시작 • 문제집에 있는 작문 모의 시험 풀기(1시간 30분) • 문법을 7등분한 뒤 매일 1/7복습(1시간) • 듣기는 녹음 파일을 스마트폰에 저장한 뒤 시간 날 때마다 들으면서 감각 유지 • 첫 달에 암기했던 2,500단어 가운데 300단어 복습(40분) : 매일 3시간 10분 공부
셋째 주	셋째 주	셋째 주
• 매일 100단어씩 암기 • 주말에 복습 : 매일 4시간 공부	• 독해 영역은 지난주에 풀었던 부분 이후부터 시작해 매일 1/14만큼 풀기(1시간 30분) • 듣기 영역은 지난 2주간 풀면서 틀린 문제 위주로 복습(1시간) • 지난달에 암기했던 2,500단어 가운데 300단어 복습(40분) : 매일 3시간 10분 공부 → 이제 독해 영역 문제 풀기 끝냄, 듣기 영역은 복습까지 두 번 끝냄	이제 문법과 작문까지 모두 끝내야 함 • 문제집에 있는 작문 모의 시험 풀기(1시간 30분) • 문법에서 어려운 것 위주로 매일 조금씩 복습(30분) • 듣기는 녹음 파일을 스마트폰에 저장한 뒤 시간이 날 때마다 들으면서 감각 유지 • 첫 달에 암기했던 2,500단어 가운데 300단어 복습(40분) : 매일 2시간 40분 공부 → 문법 두 번, 작문 한 번 끝냄

첫 달	둘째 달	셋째 달
넷째 주 • 매일 100단어씩 암기 • 주말에 복습 : 매일 4시간 공부	**넷째 주** • 독해 영역은 지난 2주간 풀면서 틀린 문제 위주로 복습(1시간 30분) • 듣기 영역은 지난 2주간 풀면서 틀린 문제 위주로 복습(1시간), • 첫 달에 암기했던 2,500단어 가운데 300단어 복습(40분) : 매일 3시간 10분 공부 → 듣기 영역은 복습까지 세 번, 독해 영역은 복습까지 두 번 끝냄	**넷째 주** 시험이 얼마 안 남았으므로 단어 공부는 중단하고 전 영역에 걸쳐 복습 • 매일 독해 영역 1시간, 듣기 영역 1시간, 쓰기 영역 1시간, 총 3시간씩 틀린 문제 위주로 복습 : 매일 3시간 공부

중국 드라마 고를 때
실패하지 않는 꿀팁

개인적으로 중국어 공부를 할 때 드라마 보는 것을 적극 추천합니다. 다만 '드라마를 보기 위한 드라마 보기'가 되어선 안 됩니다.

다음은 제 개인적 경험에 통해 터득한 '중국어 공부를 위한 드라마 보기'에서 하면 좋은 것DO과 하지 말아야 할 것DO NOT을 정리한 것입니다.

Do List

1. 자신의 중국어 수준에 맞는 드라마를 고른다!

드라마의 배경이나 주제보다 더 중요한 것이 바로 자신의 수준에 맞느냐 하는 겁니다. 드라마를 보면서 문장 정리를 하며 절반 정도 알아들으면 상관없지만, 전혀 알아듣지 못한다면 자신의 수준에 비해 어려운 드라마인 거죠. 그런 '벅찬' 드라마를 보면 모르는 단어와 표현이 너무 많아서 정리하기 벅차다 보니 결국 시간 낭비만 하고 그만두게 됩니다. 이런 드라마를 본다면 아무리 재미있어도 중국어 공부에는 별로 도움이 되지 않습니다.

수준별로 드라마 찾아보기

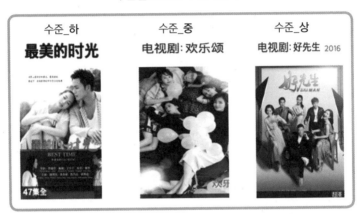

2. **구체적으로 계획을 세우고 본다!**

시청각 자료는 학습 효과가 높지만 샛길로 빠질 위험성이 높습니다. 특히 드라마는 시청 시간을 정하는 등 구체적으로 계획을 세우지 않은 채 '중국어 공부에 도움이 되겠지'라는 생각으로 본다면 오히려 시간 낭비가 될 수 있어요.

계획 사례

중국 드라마는 한 회당 40분 정도로 비교적 짧습니다. 저는 이런 식으로 드라마 〈환락송〉을 매일 1회씩 보고 나중에 써먹고 싶은 표현을 노트에 기록하는 계획을 짰습니다.

월	• 〈환락송〉 1회 시청하기 • 회화 노트에 표현 정리하기 • 모르는 단어만 단어 노트에 기록하기 & 유사 단어 찾기
화	• 〈환락송〉 2회 시청하기 • 회화 노트에 표현 정리하기 • 모르는 단어만 단어 노트에 기록하기 & 유사 단어 찾기
수	• 〈환락송〉 3회 시청하기 • 회화 노트에 표현 정리하기 • 모르는 단어만 단어 노트에 기록하기 & 유사 단어 찾기 • 〈환락송〉 2회 표현 복습하기 & 한 번씩 말해 보기
목	• 〈환락송〉 4회 시청하기 • 회화 노트에 표현 정리하기 • 모르는 단어만 단어 노트에 기록하기 & 유사 단어 찾기 • 〈환락송〉 3회 표현 복습하기 & 한 번씩 말해 보기
금	• 〈환락송〉 5회 시청하기 • 회화 노트에 표현 정리하기 • 모르는 단어만 단어 노트에 기록하기 & 유사 단어 찾기 • 〈환락송〉 4회 표현 복습하기 & 한 번씩 말해 보기
토	• 〈환락송〉 1~5회 표현 정리한 것 모두 복습하기

3. 굵고 짧게 가지 말고 얕더라도 길게 가라!

드라마 1회를 보고 나면 생각보다 모르는 표현이 많아서 당황스러울
수 있습니다. 그리고 공부해야 하는 표현이 늘수록 그걸 정리해야
한다는 압박감으로 부담을 느낄 수 있고요. 참고서를 보지 않고 드

라마를 보는 건 좋은 표현을 정리하기 위한 목적도 있지만, 중국인의 일상 대화를 보면서 그 느낌을 체화하기 위한 목적도 있기 때문에 표현 정리에 집착할 필요가 없습니다. 모든 문장을 적겠다고 하면 1, 2회 보다가 지쳐서 도중에 그만두고 말겠죠. 그러므로 처음에는 한 회당 절반 정도만 적겠다는 생각으로 계획을 세우되, 대신 마지막 에피소드까지 가야 해요. 처음부터 끝까지 다 보고 첫 에피소드로 돌아와 반복해 들으면 정지 버튼을 누르고 노트 정리를 하는 횟수가 절반으로 줄면서 좀 더 수월하게 공부할 수 있을 거예요.

Do NOT List

1. 중국 표준 발음에서 조금이라도 벗어난 드라마는 보지 마라!
우리나라 사람에게 인기 있는 중국 드라마는 대부분 대만 드라마입니다. 그런데 대만 드라마는 자막이 번체자인데다가 발음도 중국 푸퉁화와 차이가 있어 중국어 공부할 때는 보지 말라고 권합니다. 또한 중국의 지방 방송국에서 제작한 드라마가 인기를 끌기도 하는데, 지역 방언이 나와 추천하지 않습니다.

2. 너무 인지도 없는 작품이나 사극, 판타지물은 피하라!
중국 드라마 가운데 한 작품을 고른 뒤 반복해 보는 것이 중국어 공부하는 데 도움이 되므로 어디를 가더라도 쉽게 구할 수 있는 대작을 선택하는 것이 좋습니다. 그리고 사극과 판타지물은 쓸 만한 표현이 상대적으로 적으니 피해야 하겠죠.

3. 중국어 더빙이나 자막이 있는 한국 드라마는 보지 마라!

요우쿠에 들어가면 한국 드라마가 정말 많습니다. 게다가 무료라서 우리나라에 있을 때보다 더 편하게 전 회를 시청할 수 있습니다. 한국 드라마에도 중국어 자막이 뜨긴 하는데, 우리말이라 잘 들리기 때문에 드라마를 시청할 때 굳이 자막을 볼 일이 없어 도움이 안 됩니다.

> **✈ TIP**
>
> **히말라야(喜马拉雅)에서 라디오 찾아 듣는 방법**
> 영상은 요우쿠, 라디오는 히말라야 사이트를 이용하면 됩니다. 인터넷 주소창에 http://www.ximalaya.com/를 치고 들어가 검색창에 추천한 프로그램을 입력해 검색하거나 스마트폰이나 탭으로 ximalaya 어플을 다운 받으면 됩니다. 다른 프로그램을 찾아보고 싶다면 하위 카테고리에서 클릭해 들어가면 됩니다.

전화 중국어
200% 활용하는 방법

　중국어 공부를 통틀어 가장 배신을 잘하는 것이 말하기 실력입니다. 읽기나 듣기, 쓰기는 어느 정도까지 해놓으면 그 뒤로는 실력이 유지되는데, 말하기는 며칠만 안 해도 어색하고 '버벅거리게' 되더라고요. 그때마다 온몸의 기운이 쫙 빠져나가는 것 같아서 어떻게든 꾸준히 중국어 말하기를 해야 한다는 압박감이 생겼습니다. 하지만 현실은 요일 구분 없이 잡힌 미팅에다 술 약속으로 학원 갈 시간을 빼는 게 정말 어려워요. 이렇게 유동적인 스케줄을 가진 사람에게 추천하는 것이 바로 전화 중국어입니다. 자신이 정한 시간에 사무실, 카페, 집 등 공간적 제약 없이 중국 원어민과 30분 정도 프리토킹을 하는 거예요.

　사실 처음에는 전화 중국어를 제대로 활용하지 못했습니다. 전화 중국어 특성상 선생님의 얼굴을 보지 못하기도 하고, 수업 내용이나 교재가 따로 정해져 있지도 않기 때문에 나태해지기가 쉬워요.

일주일에 3번 30분씩 수업을 했지만, 아무 준비 없이 전화기만 붙들고 있던 탓인지 현재의 실력을 단순히 '유지'하는 것 그 이상도 이하도 아니라는 생각이 들었어요. 중국인 친구와 30분 동안 농담 따먹기를 하는 데 꽤 비싼 수업료를 지불하고 있는 꼴이었죠. 더군다나 중국에서 돌아온 지 얼마 되지 않았을 때라서 '일상 회화'를 열심히 연습할 필요가 없다는 생각도 있었어요. 그래서 다시 마음을 다잡고 전화 중국어 수업을 200% 활용하기 위한 방법이 없을까 이것저것 시도해 보니 나름 수업 노하우가 생기더라고요.

전화 중국어 수업을 하기 전, 수업 중, 수업하고 난 뒤로 나눠 어떻게 해야 효율적으로 공부할 수 있는지 소개할게요!

1단계, 수업 하루 전 중국어 기사를 읽는다.

중국어 기사를 읽는 이유는 수업의 소재를 얻기 위해서입니다. 더 높은 수업료를 지불하면 다를 수도 있겠지만 선생님은 우리를 위해 수업 콘텐츠를 준비하지 않아요. 즉 콘텐츠를 준비해 오는 건 학생의 몫이죠. 저는 매번 이야깃거리를 생각해내기가 귀찮아서 구독하고 있는 테크미디어의 기사로 대화 내용을 고정시켰어요.

2단계, 기사에서 중요하고 유용한 표현에 밑줄을 긋고 꼭 써먹고 싶은 단어는 형광펜으로 표시한다.

그냥 기사를 읽는 것까지는 수업 시간의 소재를 정하는 것에 불과해요. 말을 더 잘하는 연습을 하려면 좋은 표현을 계속 활용해야 합니다. 그걸 들어줄 선생님도 있으니 좋은 표현 여러 개를 준비해서 수업 시간에 써먹는 겁니다. 표현은 다른 데서 찾지 말고 그 수업을 위해 읽은 기사 안에서 찾는 게 따로 시간을 낼 필요가 없어 효율적입니다. 저는 기사 본문을 긁어 에버노트(또는 다른 메모장)에 넣어두고, 기사의 주제에서 핵심이 되는 단어에 형광색을 칠하고 써먹고 싶은 구절이나 문장에 밑줄을 그었어요.

3단계, 수업 전에 최대한 여러 번 읽어 표현을 익힌다.
수업 시간에는 최대한 메모장을 보지 않고 말하는 게 핵심이므로 수업 전에 여러 번 읽어 입에 달라붙게 해놓는 것이 좋습니다.

4단계, 수업 시간에 선생님한테 기사 내용을 설명한다.
수업 시간이 30분이라면 그 시간 우리는 발표자가 되고, 선생님은 그 발표에 참석한 청중이 되는 겁니다. 준비한 내용을 선생님에게 설명하는 것이 자신의 임무라 생각하고 이야기를 주도해 나갑니다. 이때는 발표자로서 청중을 잘 이해시키고 싶다는 마음으로 이야기해 보는 거예요. 여기서 또 하나 중요한 것은 자신이 써먹고 싶었던 단어와 표현을 최대한 활용해야 한다는 거죠. 관련성이 좀 떨어지고 엉뚱하다는 생각이 들어도 상관없습니다. 가장 중요한 건 입 밖으로 내뱉어 보는 거니까요!

저는 중국어 기사를 활용한 사례를 들긴 했지만, 각자 자신이 원하는 다른 소재를 찾으면 됩니다. 보고 있는 중국 드라마의 에피소드 하나씩 설명해주는 것도 좋습니다. 여기서 핵심은 자신이 이야깃거리를 준비할 것, 거기서 더 나은 표현을 사용하는 '장'을 만들 것, 직접 스토리텔링을 하면서 맞나게 수업할 것 세 가지입니다.

이렇게 하면 오랜 시간 같은 선생님과 수업해도 매번 새로운 주제를 가지고 새로운 내용, 새로운 표현을 다뤄 지루하지 않게 말하기 실력을 향상시킬 수 있습니다.

전화 중국어 수업할 때는 중국인 선생님과 서로 위챗을 추가합니다. 왜냐고요? 수업할 때 위챗을 사용하면 무척 편하거든요. 먼저 선생님한테 자신이 틀리게 말하거나 부적절한 단어를 사용하면 수업 시간 도중에 바로바로 위챗 메시지로 보내달라고 부탁합니다. 수업은 휴대폰으로 하고 노트북이나 컴퓨터로 위챗 PC 버전을 켜놓는 거죠. 그렇게 하면 말하는 동시에 자신이 틀린 부분을 바로 확인하고 수정할 수 있습니다.

중국어 6개월에 끝내고 알리바바 입사하기

초판 1쇄 발행 2017년 8월 25일
초판 4쇄 발행 2018년 8월 10일

지 은 이 김민지
발 행 인 강선영·조민정
마 케 터 이주리·강소연
펴 낸 곳 (주)앵글북스
표지·본문 이든디자인 **일러스트** 최윤선
주　　소 서울시 종로구 사직로8길 34 경희궁의 아침 3단지 오피스텔 407호
문의전화 02-6261-2015 팩스 02-6367-2020
메　　일 contact.anglebooks@gmail.com

ISBN 979-11875-1216-5 03320